L'universo saturniano

André Barbault

André Barbault

L'UNIVERSO SATURNIANO

Traduzione dal francese di ENZO BARILLÀ
Editing e cura dell'edizione italiana di ENZO BARILLÀ

Scultura in gesso eseguita dallo scultore Maurice Munzinger, autore di alcuni disegni del testo. Raffigura l'Autore all'età di 30 anni.

Titolo originale dell'opera:
L'UNIVERS DE SATURNE

INDICE

PREFAZIONE DELL'AUTORE

Ecco che nell'estate del 2010 è arrivato, per la terza volta nella mia vita, il passaggio celeste di Saturno sulla posizione zodiacale che occupava all'atto della mia nascita, il 1 ottobre 1921: 29° della Vergine, affiancato da Giove a 1° in Bilancia, congiunti in casa VII.

Sotto il primo transito del 1950-1951, il suo giro trentennale aveva accompagnato il mio matrimonio, seguito dalla nascita di mia figlia Anna, con Saturno che si era allontanato di 15°, come pure l'uscita del libro "Jupiter-Saturne" (precisione senza però alcuna premeditazione), collettaneo del "Centre International d'Astrologie". Sotto il secondo transito verso la sessantina si trattò del ritorno della congiunzione Giove-Saturno su sé stessa con il passaggio sui miei luminari a 7°- 9° in Bilancia: epoca di una sorta di apice della mia carriera ufficialmente riconosciuto da una completa culminazione della diffusione generalizzata delle mie opere, come se avessi assolto il mio compito. E ora che è tornato, dissonante, sulla sua posizione originaria, mi è tornato il desiderio di dedicarmi a lui ancora una volta; un desiderio di esaurirne il corso sulle mie meningi, poiché non c'è nulla di meglio, per una trasformazione saturniana, del lavoro mentale. È peraltro vero che non ho mai smesso di interessarmene, come testimoniano diverse pubblicazioni, a partire dal libro del 1951, indi "Saturno e l'orfanilità" e passando per diversi testi in lingua straniera: "Überblick über die Saturn-Thematik" del congresso di Heidelberg del 1997, "Synthetic survey of Saturn" in una pubblicazione di cui ho perso traccia, e "Facing Janus: an analysis of the extremes of Saturn" (Orpheus, Ed. Suzi Harvey, 2000).

In questo studio definitivo, desideravo sinteticamente abbracciare l'universo saturniano nel tentativo di piazzarmi direttamente nel suo centro, cuore fondante e unificante di un tutto. È giocoforza, come usando diverse prospettive, girargli attorno per esaminarlo in successione sotto diversi aspetti che compongono l'insieme della sua umanità, il che conduce infine ad afferrarlo indirettamente dall'interno per raccoglierne il succo, non senza ritornare sul già detto, forse per meglio vivere o rivivere un sapere altrimenti riformulato. Eppure, quanto si è ancora lontani dal conoscere tutto sull'autentica galassia Saturno, percepita da qui sulla terra: spero almeno di essermi avvicinato in modo più approfondito.

Capitolo 1

LE RADICI DELLA TRADIZIONE

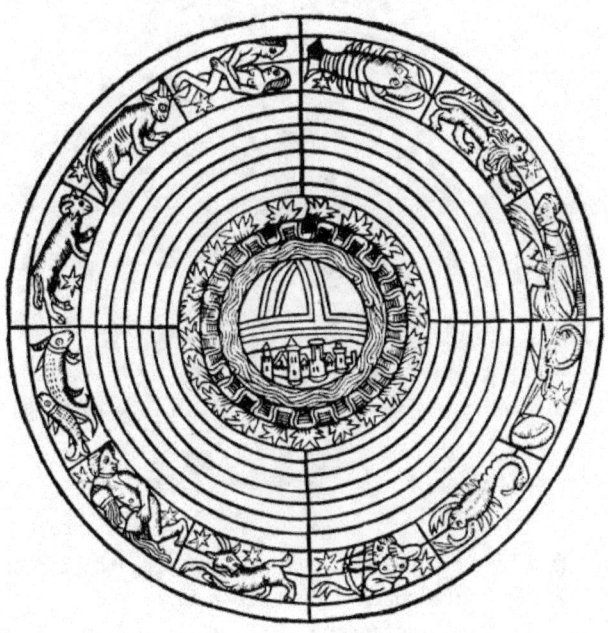

Il Cosmo astrologico : incisione tratta dal Calendario dei Pastori, 1493

Nessun dubbio che la vita proviene dal calore di cui è padre il Sole, e
dall'umido di cui la Luna è madre.
Morin de Villefranche, Centiloquio, aforisma LXXXVI

Nel mondo della musica, Ravel ha ripetutamente affermato che l'accademismo si vendica dei musicisti che l'hanno disprezzato durante la loro formazione scolastica: li ossessiona in seguito, quando non possono più beneficiarne. La stessa cosa accade per il sapere ricevuto dagli antichi. È impossibile percorrere un nuovo viaggio nel paese vibrante di mistero dell'affascinante Saturno – un Giove nello splendore della sua pompa in confronto è scialbo – senza posare subito i piedi sul suolo della Tradizione, prezioso patrimonio e contemporaneamente inestimabile eredità a cui si deve l'essenziale della nostra attuale pratica.

Nei primi passi di un indispensabile percorso in cui la Natura costituisce il nesso tra l'Uomo e il Mondo, Tolomeo ci informa subito che se il Sole scalda e la Luna inumidisce, è dal lontano Saturno che proviene la genesi del freddo. Il che è già tutto un programma. E molto prima di lui all'epoca di Pitagora e con Ippocrate, l'astro viene incorporato nella dottrina dei quattro temperamenti umani modulati sia sulle stagioni dell'anno che sulle età della vita, in una combinazione d'acqua, d'aria, di fuoco e di terra, e che rientrano nella sfera dei rapporti del caldo del freddo, dell'umido e del secco. I fondamentali, si potrebbe dire al giorno d'oggi, di questa materia elementare. Un insieme in cui, in partenza, a Saturno viene affibbiata una composizione di temperamento freddo e secco che lo integra ai valori del mondo, come pure ne testimonia, tra gli altri, questo poemetto del Medio Evo.

La quarta posizione è occupata da Melanconia
alla quale Saturno l'altissimo è apparentato,
per compagnia la Terra
come pure l'autunno, la Natura gli ha dato.
Chi è sotto la sua signoria
è magro, avaro, timoroso, e sdegnoso,
pallido, solitario, serio e pensieroso.

Sin da quella epoca lontana, i termini "flemmatico", "sanguigno", "collerico", e "melanconico" hanno costituito le quattro categorie temperamentali di una prima tipologia umana della storia che ha gloriosamente attraversato due millenni. È da poco che è cambiato il vocabolario, con il flemmatico che è diventato un Linfatico, il collerico un Bilioso e il melanconico un Nervoso. Poco importa che la base umorale degli antichi abbia fatto il suo tempo, e il testimonio fondante sia poi stato preso dalla stoffa dell'universo con gli elementi costitutivi della materia: idrogeno, ossigeno, azoto e carbonio. Non siamo tuttavia fermi a una teoria speculativa di tale classificazione tipologica, la pratica la conferma. La base del quartetto planetario: Luna-Acqua, Giove-Aria, Marte-Fuoco e Saturno-Terra, ha consegnato a Michel Gauquelin uno dei migliori risultati statistici (*Le dossier des influences astrales*, Denoël, 1973). Oltre al fatto che *Le tempérament Saturne et les hommes de science* della serie Monographies psychologiques (vol. 3, marzo 1974) conferma perfettamente i tratti caratteriali con la forza mentale del pianeta quando è angolare, soprattutto alla levata e alla culminazione.

L'astro si carica inoltre dei valori specifici della sua posizione di pianeta più distante del settenario planetario, ai confini del mondo visibile, poiché oltre si collocano gli invisibili trans saturniani in qualità di ottave superiori: la coppia Saturno-Urano, l'uno freddo e l'altro caldo, avendo in comune il "secco-stretto" e Giove-Nettuno, l' "umido-largo", il sensibile e l'ultrasensibile. Da qui, una versione di cronocratori che collegano le età della vita alla successione delle orbite: la Luna, la più vicina a noi, che sta all'infanzia come Saturno, il più lontano, sta alla vecchiaia, con l'astro che diventa contemporaneamente egli stesso il signore del tempo (Cronos). Shakespeare, nella sua pièce *A piacer vostro*[1], ci ha consegnato un saporito ritratto delle "sette età dell'uomo". Ne sia testimonianza questo brano finale in cui Giove precede Saturno:

Poi il giudice dalla bella pancia rotonda rimpinzata di un buon cappone, dallo sguardo severo e dalla barba accuratamente tagliata, pieno di sagge massime e di assai trite illustrazioni, che ha questo modo rappresenta la sua parte. La sesta età si cambia in un rimbambito Pantalone magro e in pantofole, con gli occhiali sul naso e una borsa al fianco: i suoi calzoni portati da giovane e ben conservati sono infinitamente troppo larghi per le sue gambe stecchite, la sua grossa voce d'uomo, ritornata al falsetto fanciullesco, risuona stridendo e zufolando. La scena finale che chiude questa storia strana e piena di eventi è seconda fanciullezza e completo oblio, senza denti, senza vista, senza gusto, senza nulla.

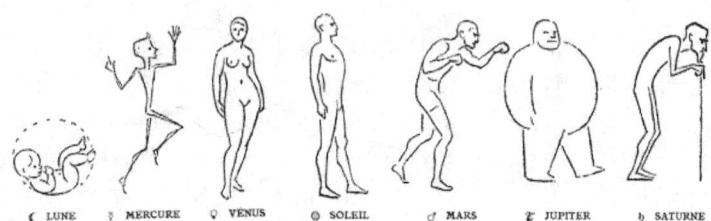

Si concorda tuttavia sul fatto che, in quanto signore della melanconia, a cui è intimamente legato, egli abbia fatto il giro del mondo culturale, a partire dai medici e dagli scienziati antichi fino all'inizio dell'era moderna. E non solo per mezzo dei più svariati testi, ma anche per mezzo delle immagini della tradizione. Segnatamente, attraverso le circa 180 riproduzioni del magistrale *Saturno e la melanconia* di Raymond Klibansky, Erwin Panofsky e Fritz Saxl edito da Gallimard nel 1989.[2] A cui s'aggiunge il catalogo dell'esposizione del Grand Palais nel 2006: *Mélancolie: génie et folie en Occident* (Gallimard).

L'iconografia degli dèi planetari come pure le loro sculture
meritano molto di più di una semplice occhiata da turisti. Le
immagini di Saturno sono ricche di insegnamenti: incisioni di serie
planetarie, tedesche, italiane, francesi ed altre, in cui ciascuna
divinità astrale viene caratterizzata secondo il suo stile e circondata
di tutto un ambiente in funzione degli attributi che gli sono
assegnati. Quando Saturno non viene visto come un dio divorante,
è ciò nondimeno percepito come un " falciatore celeste" signore del
tempo che unisce la falce o il falcetto alla clessidra, grande
ordinatore delle generazioni umane che si succedono in una catena
senza fine. E insieme al carro di Saturno viene presentata la
decorazione zodiacale delle due ruote visibili, allusione al ciclo
annuale che richiama il dominio invernale dell'astro in Capricorno
e Acquario. Si assegna un posto d'onore al tiro del carro: si tratta di
dragoni, animali delle cavità sotterranee che associano l'astro al suo
elemento. Nello stesso modo in cui l'apparentamento di Giove

all'aria è contiguo all'accoppiamento emblematico al re degli uccelli - l'aquila, sovrano dalle ali spiegate plananti maestosamente nella pienezza di uno slancio nello spazio, poiché questo le appartiene -, similmente il regno del tempo spetta a Saturno, trama del fluire del passato-presente-futuro, infinita sfilata dell'istante che passa. La dialettica Giove-Saturno accoppia così le due "sostanze" vitali o valori intrinseci esterni e interni dell'occupazione spaziale orizzontale e nella successione temporale verticale.

Tale album delle divinità planetarie instaura un nesso implicito tra i pianeti e il ciclo diurno. Nello stesso modo in cui la coppia Marte-Venere vibra all'orizzonte dove la tensione del primo si accorda con l'Ascendente e la distensione della seconda con il Discendente, similmente sull'asse verticale, tanto l'aereo Giove si libra al Medio Cielo, quanto analogamente Saturno trova il suo posto al Fondo Cielo, crogiuolo delle origini. Manilio, seguito da Tolomeo, dichiara che quest'ultimo governa le fondamenta dell'universo, la parte più bassa, le tenebre di mezzanotte, là dove un dì Saturno, dal suo trono degli dèi, nell'empireo dei cieli, fu scagliato in basso. Da lì provengono le silenziose devastazioni saturnine delle profondità, che corrodono segretamente a poco a poco l'essere nella lunga durata, come il verme nel frutto. Niente può illustrarlo meglio sul piano caratterologico dell'estroversione spettacolare dell'abbandono a sé del primo e la forza occlusiva interiore e trattenuta dell'introversione del secondo; il che ricorda un risultato statistico particolarmente sorprendente dalle curve diametralmente inverse ottenuto da Michel Gauquelin e dal professore Hans Eysenck (Michel Gauquelin, *La verité sur l'astrologie*, Éditions du Rocher, 1985). Il riferimento alla caduta di Crono-Saturno che risiede al Fondo Cielo sembra avere delle profonde risonanze risalenti a quelle dello stesso Adamo col castigo del peccato originale: una simile sanzione corrisponde alla caduta proveniente dalla colpa commessa. Tale condizione traspare nei ritratti medievali della melanconia, collegata all'immagine di una profondità in cui non solo i personaggi sono accasciati, spossati, con la testa inclinata verso il suolo, come cascanti, ma anche gettati in basso, prigionieri di carceri profondi e tenebrosi; cavità, d'altronde (nota di oralità che tratteremo oltre), il cui fondo si sottrae al sorso che disseta una sete conclamata, la cui mancanza aggiunge il proprio contributo al sotterramento. E dentro un tale melanconia, l'anima può arrivare a lasciarsi seppellire.

Ne è testimonianza l'originaria segnatura dell'ideogramma dell'astro nella sua composizione geometrica. Mentre la parte superiore di quella di Giove fa dominare il semicerchio aperto sulla circolazione della vita in piena luce, in Saturno è la croce a essere in posizione superiore, mondo dell'astrazione fino al punto d'intersezione delle sue due linee con valore di quintessenza. Il semicerchio sottostante ha invece il profilo di un falcetto a destinazione verso il basso, suggerendo l'estrazione mineraria oppure l'intenebramento viscerale o psichico del proprio sottosuolo interiore.

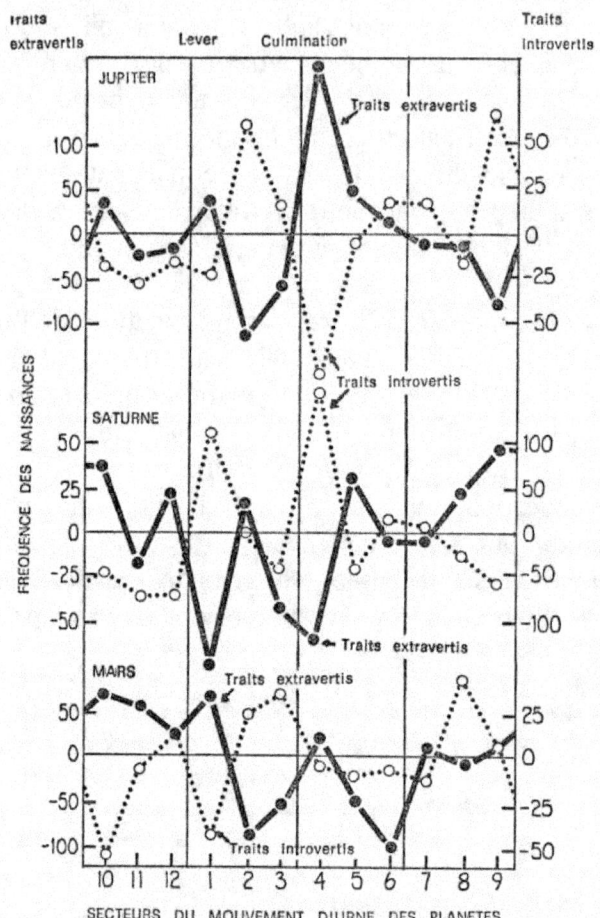

Sujets européens
Extraversion — Introversion

Dimensione della personalità secondo Eysenck
Frequenza delle nascite in funzione dei tratti introvertiti ed
estrovertiti nei differenti periodi della distribuzione diurna di Giove, Saturno
e Marte (Estratto del *British Journal of Social and Clinical Psychology*, 1979,
18, p. 73)

Capitolo 2

LA FRONTIERA DEL SETTENARIO

L'ultima orbita visibile, all'estremo limite del sistema solare, si collega al mito del "falciatore celeste": il verbo saturnino è essenzialmente una potenza che taglia, separa, isola, allontana. Questo è il filo conduttore della fondamentale tematica di ripetizione del processo saturnino: dal taglio del cordone ombelicale dell'appena nato a quello dell'ultimo filo che collega l'individuo alla vita, in una successione nei distacchi affrancamenti e amputazioni lungo tutto il corso del cammino esistenziale. Con rimpianti e costrizioni come pure perdite e profitti.

Tutto ciò si comprende meglio se torniamo alla dialettica che l'astro instaura con la coppia dei luminari, dove il freddo-secco si oppone al caldo-umido. Ne è espressione lo zodiaco poiché è proprio di fronte al loro domicilio del Cancro e del Leone che figurano il Capricorno e l'Acquario, che sono i suoi. Da un tale confronto come non vedere già nel pianeta una forza di contrappeso o controcorrente a ciò che i luminari rappresentano come fonte e forza vitale? Se non di complementarietà al loro slancio vitale. Per meglio comprenderlo, sia sufficiente riallineare la distribuzione degli astri del sistema solare, e partire dalla posizione centrale della Terra, il nostro basso mondo, punto di simmetria tra i pianeti interni e i pianeti e esterni del settenario. Si ritrova qui manifestamente Saturno come partner polare opposto al Sole.

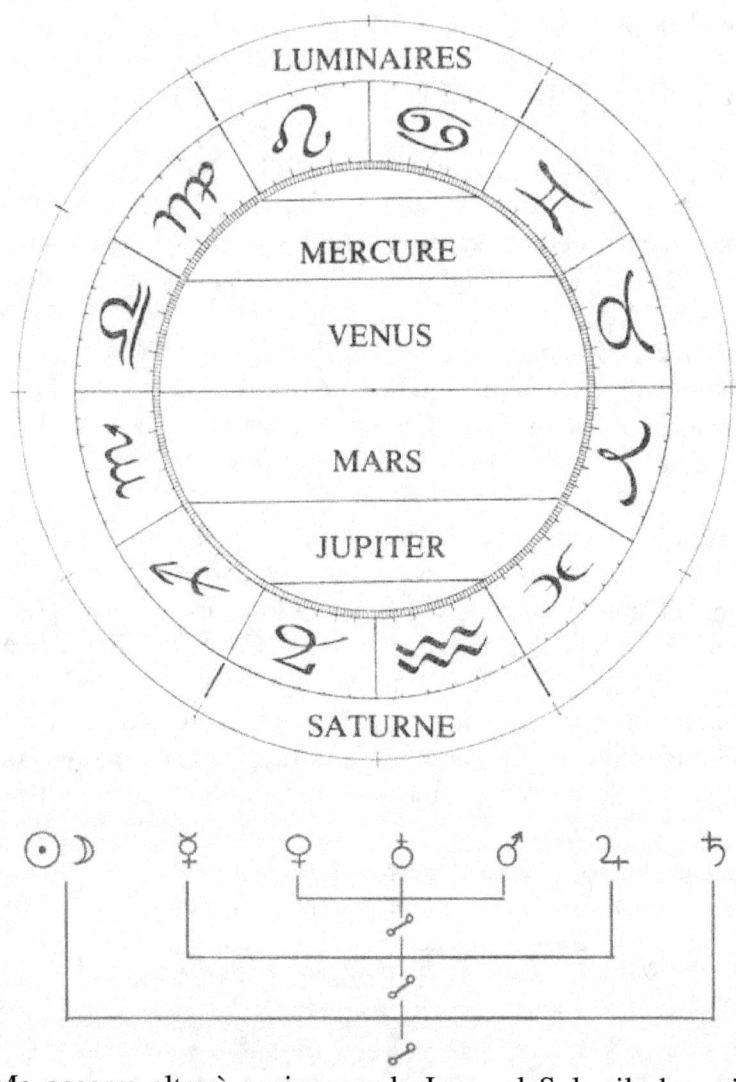

Ma occorre altresì aggiungere la Luna al Sole, il che unisce una prodigiosa e quasi miracolosa convergenza. L'astro del giorno è immensamente voluminoso se confrontato al nostro minuscolo astro della notte, ma le loro rispettive distanze dalla nostra Terra sono tali che per noi questi due luminari si equiparano come dimensioni, al punto tale da eclissarsi rispettivamente l'uno con l'altro. Questo fenomeno fonda una perfetta coppia di cicli mensili e annuali, come l'unione del maschile e del femminile e il loro parto. " Tutti gli astrologi dell'antichità sono concordi nell'attribuire al Sole la figura del padre e alla Luna la figura della madre" ricorda Pascal Charvet in *Ptolémée: le livre unique de l'astrologie* (Nil, 2000). E già si faceva dire a Ermete: "tutte le cose sono venute dall'Uno: il Sole è il padre e la Luna la madre".

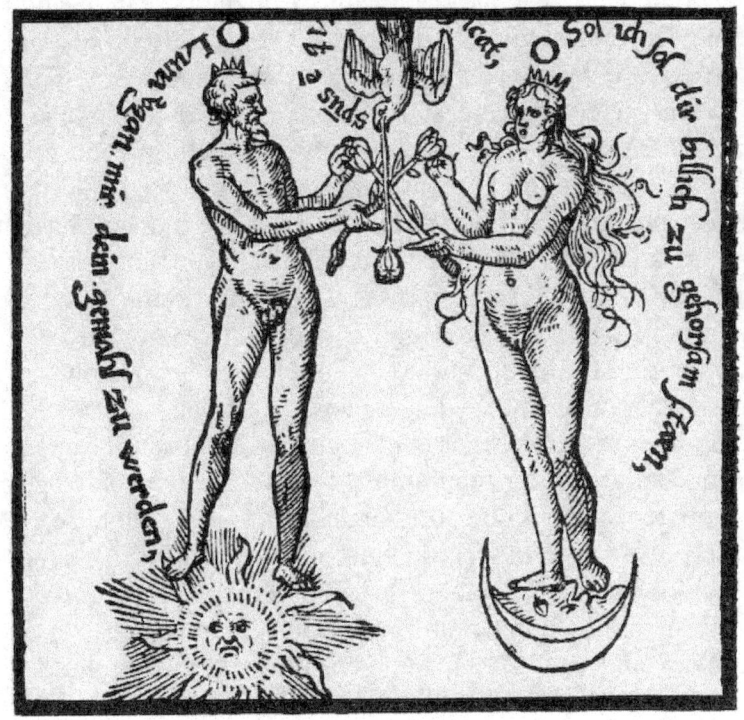

Tuttavia dietro questa attribuzione fondamentale si aggiunge un valore di complemento o di rappresentanza che non è privo di fonte di confusione. Sicché, nel capitolo 5 del III libro del *Quadripartito*, Tolomeo dichiara: " il Sole e Saturno sono associati naturalmente alla figura paterna: la Luna e Venere alla figura materna."

Aggiunta problematica, fonte di devianza per coloro che sono addirittura giunti a congedare il Sole dalla sua funzione paterna! Come surrogato planetario può essere concessa, in mancanza del Sole, una figura paterna nell'ambito del lignaggio del patriarcato: antenato, nonno, vegliardo o genitori anziani, se non addirittura esternamente, il medico, il notaio, il prete. Ciò che in ogni caso occorre conservare, è l'importanza della dissonanza Sole-Saturno in cui la carica del pianeta si aggiunge negativamente al Super-Io solare nell'esercizio della sua funzione di socializzazione, che volge allora alla severità e alla penitenza, con il suo peso di divieti e di rinunce più o meno autopunitive. Non c'è nessun bisogno di imputare all'astro la rappresentazione della legge, una sottrazione di autorità di competenza di Giove, se non addirittura, al vertice, del Sole. Come pure non è un peggior "padre" di quel mostro divorante i suoi propri figli, raffigurato nelle incisioni e nei quadri come infanticida! Non è d'altronde per causa sua, quando è negativa – c'è qui un Saturno che "morde il freno" - che sopravvengono gli ostacoli della sterilità femminile (dissonanza in V o in XI) come dell'impotenza maschile (dissonanza in VIII). Inoltre, con il Saturno dissonante in VII, quando non è un fallimento amoroso o un naufragio matrimoniale, se non addirittura una vedovanza, oppure ancora un'unione tardiva se non con una persona anziana, la semplice tendenza al celibato senza figli. Nel volume 10 n. 1 (marzo 1994) di *Astropsychological Problems* di Françoise Gauquelin è apparsa una statistica riguardante 1053 lesbiche che evidenzia la prevalenza di una forte presenza saturnina alla levata e al tramonto, soprattutto in VII, con il dominio del celibato (su tutta la gamma delle sue manifestazioni), se non addirittura il legame omosessuale che assume l'aspetto della coppia dal fiore senza frutto. E non bisogna dimenticare il deficit familiare che riveste la presenza di Saturno nell'asse genitoriale IV-X, con la tendenza all'orfanilità reale o psicologica! Mentre nelle medesime posizioni la presenza del Sole sottolinea il ruolo positivo o negativo del padre, come la presenza della Luna quella della madre. Compete a Saturno il poter rivestire un'incarnazione paterna, positiva o negativa, grazie al ricorso alla "determinazione accidentale" di Morin de Villefranche tramite la sua presenza o signoria sull'asse IV-X, oppure per aspetto a un astro nelle predette posizioni o per aspetto al signore di tali case.

Esiste per di più la dignità di un rapporto di direzioni primarie che, dal più piccolo al più grande, viene instaurato dal prezioso parallelismo tra il ciclo lunare sinodico di 29 giorni e mezzo, passaggio femminile da una fecondità mensile all'altra, e la rivoluzione saturniana di 29 anni e mezzo, passaggio da una generazione all'altra. Oltre al fatto che la trentina è il punto intermedio della fecondità della donna, generalmente un periodo di trent'anni dai 15 ai 45, che potrebbe essere allargato dai 12 ai 48 sotto tre cicli completi del fecondo Giove, il quale detiene inoltre - almeno lui, insieme all'autorità - delle manifeste virtù paterne.

Capitolo 3

IL CICLO DELLE GENERAZIONI

È particolarmente istruttiva la suddivisione in periodi della vita umana con riferimento alla rivoluzione trentennale del ciclo di Saturno - con l'astro che percorre la cintura zodiacale - soprattutto attraverso le quattro fasi del suo percorso, a guisa dei punti cardinali di una croce al centro del cerchio.

Partendo dalla sua posizione di nascita, l'astro effettua per primo la quadratura a sé stesso all'età di 7 anni; l'essere umano, emerso dalla notte interiore dell'infanzia, entra nell'"età della ragione". Il principio di realtà intellettuale fuoriesce dall'immaginario e dal sogno ad occhi aperti, in sostituzione del principio di piacere, e non senza disincanto: addio a Babbo Natale e alle fiabe. Questa autogenerazione passa attraverso una nuova svolta durante la metamorfosi della pubertà a 14-15 anni allorché l'astro passa all'opposizione di sé stesso. Pubertà, essere sessuato, nuovi legami affettivi. Rifiutando le proprie origini, talvolta non senza malessere o acrimonia, il soggetto si libera dagli attaccamenti genitoriali primari; è "l'età ingrata" dell'ingresso nell'adolescenza che, sacrificando i legami familiari, si proietta nel mondo. Arriva ora la successiva quadratura all'età di 21 anni che accentua la sua autonomia, ritenendosi adulto, indipendente e responsabile, con l'esigenza di appartenersi pienamente. Ecco che è arrivato il tempo in cui è possibile abbandonare i genitori. Situazione tipica dell' "esilio" di Saturno in Cancro, evocata dalla Bibbia: "abbandonerai tuo padre e tua madre". Il trentennale ritorno dell'astro al suo punto di partenza conclude un primo ciclo, un'età in cui si tende a radicarsi, a sistemarsi per fondare la propria vita e in cui la sessualità della pubertà dell'opposizione precedente s'incarna in uno sbocco generativo: il generato genera a sua volta, diventando genitore di prole nell'ambito del cambiamento di figlia diventata madre e di figlio diventato padre.

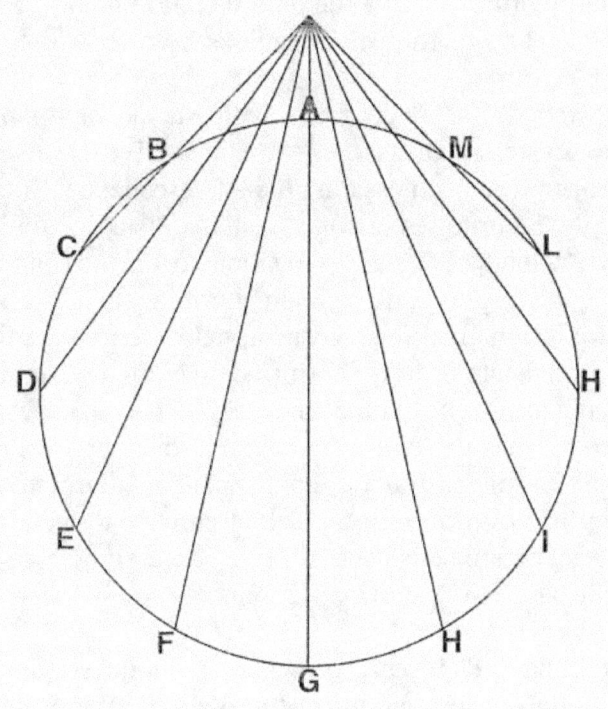

L'essere umano, nella sua sfericità a immagine del suo cielo natale, evolve per tappe successive dall'origine **A**, passando per i cambiamenti di direzione della quadratura **D** e dell'opposizione **G**, con la propria natura bipolarizzata che muta fino al rinnovamento di sé al ritorno su **A**

È così possibile riassumere tale dialettica: congiunzione-tesi, opposizione-antitesi, nuova congiunzione-sintesi: all'inizio è il generato che si sessualizza, il quale, all'arrivo genera a sua volta in un circuito circolare di consanguineità. Passaggio da procreato a "procreatore". Ovviamente si tratta di un ciclo generico. All'epoca del baby boom dei fecondi anni '50, la donna francese metteva al mondo il suo primo rampollo all'età media di 22 anni, mentre è alla svolta della trentina che sarebbe nato il figlio unico di famiglie già poco feconde al traguardo della fine del secolo scorso.

Nel corso del secondo ciclo, sotto la nuova opposizione di Saturno a sé stesso all'età di 44 anni, si vive la distanza dalla propria progenitura anch'essa in crisi adolescenziale. Si capisce qui "l'esilio" di Saturno in Leone con il distacco dalla propria creazione: "a tua volta, sarai abbandonato da tuo figlio e da tua figlia". E quando giunge il secondo ritorno ciclico alla sessantina, avviene il pensionamento (in Francia, nel decennio degli anni '80, era stato conquistato il diritto al ritiro dal lavoro a 60 anni, età che è stata prolungata in quest'anno di crisi 2010) con il passaggio dai figli ai nipoti, questa volta in condizione di nonno o di nonna. È così giocoforza rilevare una doppia funzione saturniana: se l'astro "rende genitori" al primo ritorno della trentina e torna a figliare con un salto generazionale al suo ritorno successivo, esso priva dei genitori alle successive sue opposizioni.

La trentina è d'altronde percepita in modo sottile come una certa svolta dell'esistenza, come se a quell'età o attorno ad essa si attraversasse una barriera, con caratteri acquisiti impressi. In precedenza il giovane adulto faceva esperienze nel quadro di una leggerezza di vita, di disponibilità d'essere, credendo che tutto fosse possibile, con l'avvenire aperto a ventaglio. Dopo di allora, il gioco si fa limitato, si prova il bisogno di schierarsi, di stabilirsi. D'altronde, nelle religioni e tradizioni del mondo questa è l'età in cui inizia la vita pubblica (civile) per via di un sé alle spalle aperto su un davanti a sé, tra distacco e attaccamento, leggerezza e pesantezza, illusione e scetticismo.

Questo fenomeno ciclico della generazione è talmente evidente da essere ammesso da sempre. Erodoto non diceva forse di sapere già dai sacerdoti egiziani che un secolo abbraccia tre generazioni? E i Latini a loro volta distinguevano tre *aetates* o generazioni virili nell'ambito di un secolo. Questo tema è stato ripreso dai moderni: "... la maggior parte dei sociologi e degli storici europei ammettono, con Quetelet, 30 anni per generazione successiva" dichiara il francese Gaston Bouthoul trattando "il fattore tempo nelle strutture sociali" nel suo classico *Traité de sociologie* (Payot, 1946). Secondo una "legge del tempo" (Cournot), con questo ritmo, le società si ripetono e si succedono, nell'affinità mentale di gente plasmata dagli stessi avvenimenti di una storia ad essi comune. E ai nostri giorni, in conformità a numerosi esempi storici esposti dai sociologi, storici come Le Roy Ladurie non temono di farvi ricorso con naturalezza.

Certo, non aspettiamoci la ripetizione sistematica di sovrapposizioni storiche poiché Saturno non è il solo a essere in pista, ma il ritmo trentennale, con la sua orbita, lo si può identificare, ad esempio, con il potere. In Francia, sull'onda dei sei cicli di Giove del regno del re Sole con Saturno a 1° in Acquario, e malgrado la parentesi della casuale successione ereditaria al trono di Luigi XV, oltre ai sussulti rivoluzionari, si evidenzia la successione dei vari Saturno a 11° in Capricorno di Luigi XVI indi, a 3° in Acquario, di Luigi XVII, a 24° in Capricorno di Luigi XVIII e a 15° in Acquario di Carlo X. Egualmente, in Inghilterra si succedono Giorgio V (24° in Bilancia), Edoardo VIII (18° in Bilancia), Giorgio VI (14° in Scorpione) ed Elisabetta II (24° in Scorpione). In Austria-Ungheria si passa da Francesco Giuseppe I

(22° in Leone) e Rodolfo (15° in Leone) a Carlo I (29° in Leone). In Spagna, Alfonso XII (28° in Cancro) e Alfonso XIII (6° in Cancro). In Belgio, Alberto I (23° in Acquario), Leopoldo III (11° in Capricorno), il reggente Carlo (2° in Acquario). Nei Paesi Bassi, Guglielmina (28° in Ariete), Giuliana (16° in Ariete) e Beatrice (1° in Ariete). In Danimarca, Federico VIII (25° in Capricorno), Carlo X (22° in Sagittario), Federico IX (23° in Sagittario). In Svezia, Oscar I (27° in Cancro), Carlo XV (20° in Gemelli), Oscar II (1° in Leone), Gustavo V (27° in Cancro), Gustavo VI (22° in Toro), Carlo XVI (19° in Cancro). E in Russia, Caterina II (7° in Pesci), Alessandro II (15° in Pesci), Alesando III (14° in Acquario). Ecc. ecc.

Ai margini delle dinastie, è ad esempio evidente che il ciclo di Saturno fa da intermediario tra le due guerre mondiali, separate da 31 anni, tramite il punto di giunzione dei Saturno in esilio di Guglielmo II e di Hitler, rispettivamente a 9° e 13° in Leone. Durante la I Guerra mondiale, la posizione del Kaiser era scortata dai Saturno di Francesco Giuseppe (22° in Leone) e Carlo I (29° in Cancro), come pure del presidente francese Poincaré (27° in Leone, congiunto al Sole). Il Saturno di Hitler, pur se riceveva l'appoggio del Sole di Mussolini (a 6° in Leone), mobilitava una schiacciante coalizione di opposizioni: il Saturno di Churchill (9° in Acquario), Giove di Stalin (8° in Acquario), Sole di Roosevelt (11° in Acquario) e Marte-Giove di de Gaulle (6°-10° in Acquario). Oltre al Saturno nella sua dignità a 23° in Acquario del cancelliere Adenauer che avrebbe invertito questa funesta corrente storica, con l'"esilio" di Saturno in Leone che ha segnatamente il valore di un'ambizione che oltrepassa le sue possibilità, minacciata di caduta o condannata alla decadenza.

Non è difficile imbattersi in convergenze che rappresentano generi differenti. Riscontriamo lo specifico conservatorismo di Saturno in Capricorno rispettivamente a 11°, 6°, 11°, e 13° del segno presso Luigi XVI e i monarchici Joseph de Maistre, Louis de Bonald e Louis Veuillot. Lenin, Stalin e Breznev scompaiono allorché Saturno si trova nei pressi (2° in Scorpione, 26° e 27° in Bilancia), in prossimità dell'anniversario dell'avvento al potere della rivoluzione russa del 1917 (14° in Scorpione). Parimenti, se sotto la congiunzione Saturno-Plutone del 1947 l'India e il Pakistan diventano indipendenti, la Cina diventa comunista e nasce lo Stato d'Israele, al ritorno del 1977 si volta pagina per Indira Gandhi e Ali Bhutto, come pure sparisce Mao Tse Tung e il partito laburista abbandona un potere trentennale in Israele. Inoltre, nell'ambito di opposizioni di Saturno a sé stesso, il confronto generazionale, come tra il Saturno di Churchill e quello di Hitler, di Azana e di Franco, di Weygand e di Darlan, di Giraud e di de Gaulle, di Mitterrand e di Rocard...

Mi si consenta di chiudere questa serie sul ciclo trentennale dandomi atto della previsione formulata in una nota del numero 89 de *l'astrologue* (I trimestre 1989) intitolata *La conjonction Soleil-Jupiter du 15 juillet 1990* (La congiunzione Sole-Giove del 15 luglio 1990): «Il 30 giugno 1930, gli ultimi soldati francesi s'imbarcano a Magonza: fu l'evacuazione definitiva della Renania, cesura essenziale nel mezzo di una storia tra Versailles (la Germania vinta) e Rethondes[3] (la Francia vinta): il Sole transitava su un'opposizione Giove-Cancro/Saturno-Capricorno. Siccome sono trascorsi 60 anni, tale fenomeno si riprodurrà il 14-15 luglio 1990, quando la congiunzione Sole-Giove a 22° in Cancro cadrà sul MC della fondazione della Repubblica Federale Tedesca e allorché Saturno a 22° in Capricorno ripassa su quello della costruzione del muro di Berlino (1961). Tutto lascia presumere che avremo una nuova decisiva svolta per l'Europa, che potrebbe essere quella della riunificazione delle due Germanie, seppure non si possa escludere un'altra realizzazione diplomatica riguardante il nostro continente.» Questa previsione è apparsa dieci mesi prima della caduta del muro di Berlino e un anno e mezzo prima dell'effettiva riunificazione tedesca avvenuta nella metà di luglio del 1990. E c'è motivo di prendere in considerazione il ritorno di Saturno del 2020 sulla sua stessa posizione zodiacale, accompagnato dalla congiunzione di Giove, quale [segnale di una] nuova svolta trentennale, quando l'Europa potrebbe germanizzarsi.

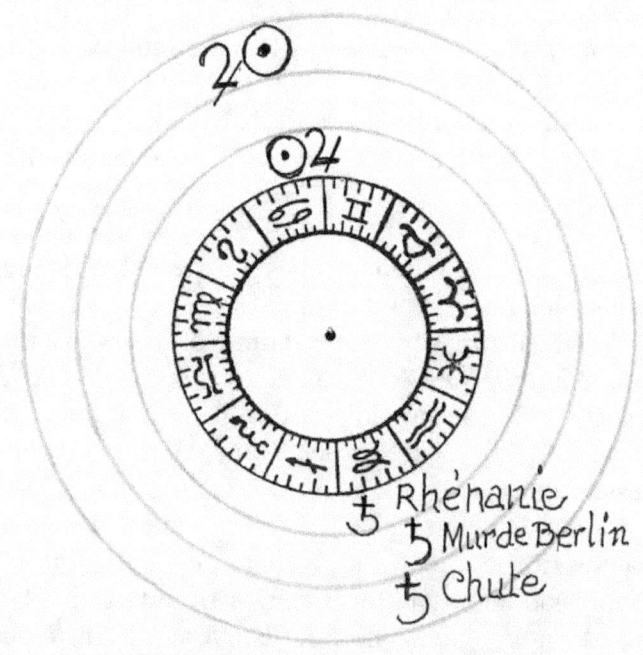

RINNOVAMENTO CICLICO
Ci sono buoni motivi per prendere in considerazione il ritorno di Saturno del 2020 – accompagnato dalla sua congiunzione con Giove – sulla stessa posizione zodiacale, a guisa di una nuova svolta trentennale quando l'Europa potrebbe *germanizzarsi...*

Capitolo 4

L'APPARTENENZA A SÉ STESSI

Ritorniamo ad occuparci dell'individuo. Se esiste un dato che occorre definitivamente ammettere, è il seguente: invece d'incarnare i genitori, già così sufficientemente e perfettamente simbolizzati dalla coppia dei luminari, il solitario Saturno rappresenta, nei loro confronti, lo specifico che porta a distaccarsi, a liberarsi, allontanarsi ed emanciparsi per appartenere a sé stessi, con tale rifiuto dei propri tutori che mira, nel quadro di una riappropriazione di sé, ad individualizzarsi. Si tratta, crescendo, di diventare adulti, di essere autonomi e responsabili, fino ad *accettarsi solinghi*, col rischio di conoscere la prova della solitudine nel caso di una mancata realizzazione di sé; quella solitudine che invece d'innalzare diventa allora una povertà esistenziale saturnina. Il che ci riporta al tema iniziale: il processo saturnino è un verbo che taglia, separa, isola, allontana; la sua tematica fondamentale è una successione di distacchi di ogni sorta, conformemente agli emblemi del dio Crono. Lì sta il suo filo conduttore, il suo automatismo di ripetizione. Certo, lo si è visto, Saturno può occasionalmente rappresentare gli ascendenti (presenza o signoria in IV o X) con la tonalità che gli è propria, il che non vieta che, intrinsecamente, l'astro rifiuti la funzione genitoriale e realizzi il suo compito liberatorio che conduce all'autonomia di sé…

Capita di frequente che semplicemente con il Sole e Giove in rapporto armonico e una dissonanza Luna-Saturno, si abbia contemporaneamente lo spirito allegro e l'anima triste. È soprattutto con la congiunzione o la sua dissonanza con i luminari o con Venere (tristezza del cuore) che si presenta in particolar modo il rischio di una prova saturnina, tipica di una *frustrazione* affettiva paterna o materna, tanto che sia vissuta per carenza o per eccesso, con le sventure del "non amato" o del "male amato", assenza fisica o morale di genitori, quanto forse addirittura tramite la presenza di genitori captativi, invadenti, asfissianti o intralcianti in un'altra sorta d'indigestione che nuoce al rigoglio vitale.

L'odissea saturnina inizia alla nascita come prezzo o costo da pagare per l'irruzione soli-lunare della vita. L'espulsione più o meno dolorosa dalla calda turgescenza acquatica del ventre materno ci sprofonda nella nostra prima sensazione di *freddo* e d'isolamento della vita, mentre il taglio del cordone ombelicale – primo colpo di falce di Crono – ci separa organicamente dalla madre. Oltre all'effetto primordiale dell'incontro-shock con la *paura* – spavento percepito come angoscioso – che diventa subito, di fronte alle cose sconosciute della vita davanti a noi, la sensazione-reazione tipica del sentimento di vivere saturnino: la paura che – come d'altronde il freddo, ad essa appiccicato in un unico fremito – inibisce, contrae, frena, reprime, paralizza; certo, la paura che rende umili, ma soprattutto sgomento che fa temere l'esterno, il mondo di fuori, ci fa indietreggiare davanti la vita e ripiegare su noi stessi. In una qualche desolazione, sotto il segno della rimozione, la problematica saturnina di vivere è già tutta là.

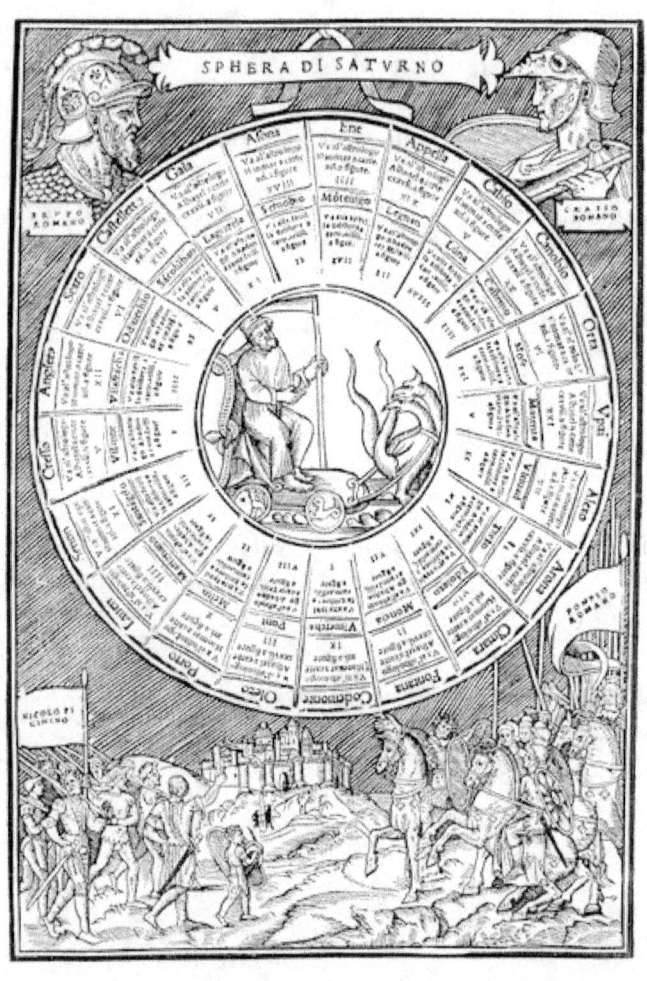

Capitolo 5

L'ORALITÀ

Personificazione astrologica del pianeta Saturno
(Incisione del 1528)

Il neonato resta pur sempre strettamente dipendente da sua madre, con l'alimentazione che diventa subito il centro vitale del poppante, dedito all'allegra giovialità di una suzione soddisfatta oppure allo sconforto saturnino di una fame non saziata. Con tale cordone ombelicale digestivo, siamo in pieno "stadio orale" psicoanalitico durante il quale la libido del bebè, fissata alla zona della bocca, è concentrata sull'atto di tettare. Il piccolo essere porta tutto alla bocca in un percorso d'*incorporazione* del mondo esterno; mezzo di assorbimento che avrà come replica psichica il fenomeno primordiale dell'*introiezione*, inconscia interiorizzazione dell'esterno che fa vivere il mondo dentro di sé, contribuendo al fenomeno dell'identificazione. Più o meno come accompagnamento caratterologico dell'*introversione*, con tutta questa oralità che viene illustrata dallo spettacolo di Crono, affamato al punto da divorare la sua progenie, pur se questa motivazione non è l'unica!

41

Su quel terreno, Giove e Saturno formano una coppia, che s'accompagna all'immagine dell'uomo zodiacale, il quale la localizza nel Toro. Secondo il linguista Claude Hagège, "la bocca è il luogo comune ai due comportamenti gestuali di cui uno è di ordine respiratorio – le labbra del poppante che aspira il latte – e l'altro è di ordine espiratorio: i suoni prodotti dalla bocca." Troviamo qui il Saturno di terra di fronte al Giove d'aria. Sul piano alimentare, il mondo orale si distingue tra il saturniano che tende a prendere il cammino della penuria, dell'anoressia, sulla strada del dimagrimento, e il gioviale che gode di una prosperità fisica dal sapore della golosità, peccato capitale dell'astro.

JUPITER & SATURNE

© Maurice Munzinger
Fonte: Éditions Traditionnelles

Quando, sfiorando per un momento la caratterologia, lo psicoanalista rende conto dell'individuo che fu appagato sul piano orale, subito abbozza una replica del nostro gioviale: il quadro di un gaudente, mangiatore gioioso, radioso per la gioia che dilata e la simpatia che riscalda. Proprio come, senza saperlo, "saturnizza" chi è rimasto insoddisfatto: il grigiore di un umore scontroso e di una mancanza di brio, un essere che si trascina nel languore e rifugge davanti allo sforzo, poco incline a crescere piuttosto che a ripiegarsi su sé stesso. Un tono simile agli stati esistenziali negativi attribuiti all'astro: miseria, mancanza, penuria, povertà, restrizioni, carenza, la *privazione* dell'affamato; in una parola, ciò che lo apparenta agli strati più bassi della società (sotto il profilo sociale Giove sta alla classe dei possidenti, dei sistemati, come Saturno al mondo dei miserabili, dei lavoratori, del proletariato).

La dipendenza nei confronti della madre prosegue ampiamente oltre la sfera alimentare, col cordone ombelicale che si "trasferisce" anche alla sfera relazionale. Il bambino può sentire un nuovo taglio quando viene al mondo un fratello o una sorella, che lo costringe a condividere l'affetto dei genitori. Lo stesso accade quando entra nel nido d'infanzia, vissuto come un'epoca di abbandono, soprattutto se la refezione scolastica lascia a desiderare. Come pure quando entra a scuola o in occasione di qualsiasi altra assenza o allontanamento dai suoi, ecc.

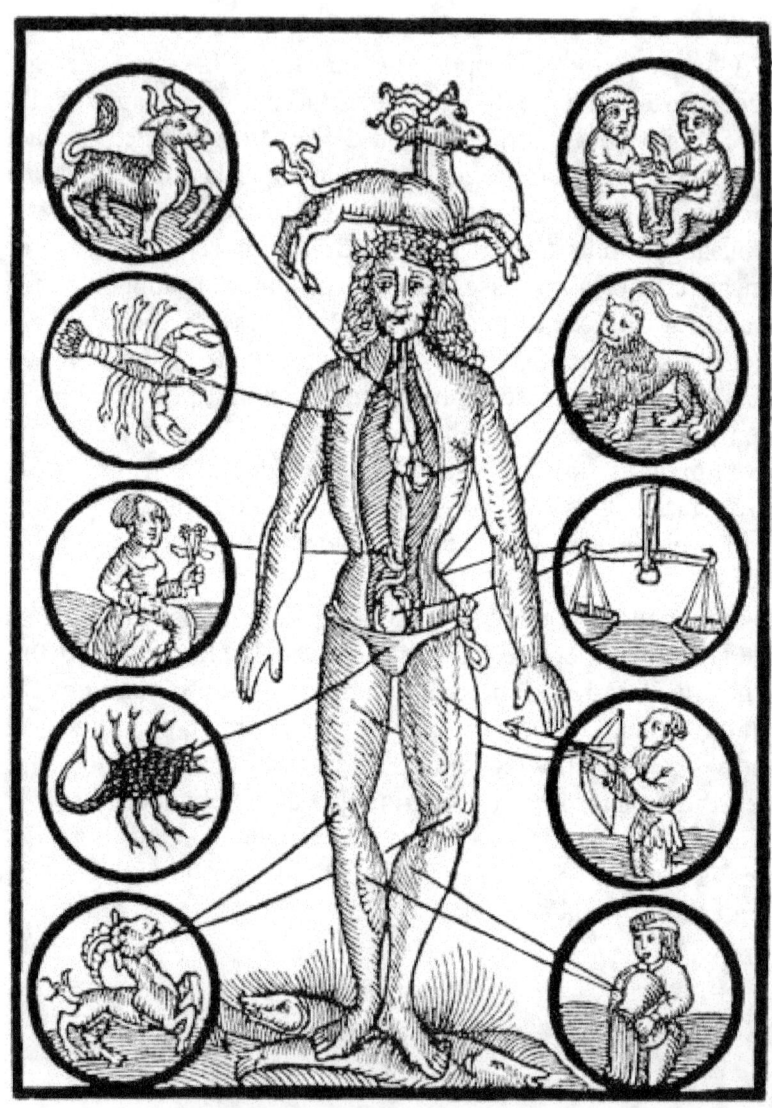

Analogia tra zodiaco e corpo umano

Tale è il vero filo d'Arianna del logos del nostro pianeta. L'iniziale esperienza saturnina di vivere si rivela così essere un'ascesi obbligata attraverso un esercizio continuo di prendere-lasciare, vissuto come una perdita del non-sé[4]: spossessamento, depauperamento, privazione tramite tagli e successivi distacchi. Dopo l'aderenza placentare al Tutto di sua maestà il re-bebè, il soggetto si spoglia progressivamente di ciò che non è, e si riduce alla sua essenza mediante un percorso di ritiro in sé. Per poi sentirsi un re nudo... Al punto che il Saturno che abbiamo dentro è una sommatoria di sottrazioni, riduzione centripeta in concentrazione profonda. Massimamente significativa è d'altronde l'attribuzione anatomica di terra dello scheletro, ossatura dell'organismo, colonna vertebrale la cui successione delle 26 vertebre tra la testa e il bacino evoca gli anelli dell'anno saturnino; l'osso, la materia più dura che ha la proprietà di sfidare il tempo. Con tutto questo che simboleggia, in particolare le tibie incrociate, il nulla. In aggiunta al suo effetto naturale di ritenzione (costipazione...) la patologia più specificamente saturnina, ovviamente tra quelle croniche, rientra d'altronde nel campo della reumatologia: famiglia di malattie fredde, di tipo artritico, che mettono lentamente radice incrostando l'organismo; patologia che estende ancor più le infermità della vecchiaia o degenerative. Ad essa si affianca egualmente la neurologia.

Più precisamente, è inclusa la scatola cranica col suo contenuto cerebrale, che si riallaccia agli attributi del temperamento nervoso. È a questo punto essenziale non fraintenderci sul senso dell'elemento Terra, che tende ad evocare la sostanza terrosa. Se, a rigore, analogicamente, tra le scaglie di selce di un Saturno collocato nel fuoco dell'Ariete e i granelli di sabbia volanti di un Saturno in Gemelli, l'astro nel Toro può simbolizzare la terra feconda dal suolo odoroso e fiorito dei grassi prati primaverili, ciò dipende dalla stagione dell'Aria[5] del ciclo annuale, mentre le sta in opposizione la Terra dell'autunno, quando la natura si denuda. La priorità spetta alle proprietà del freddo e del secco che concentrano il massimo valore nel minimo spazio, come il sistema nervoso, ridotto a un fine reticolo. Da lì la virtù di condensazione dell'elemento, la cui materialità si semplifica come un corpo minerale con finalità di trasparenza cristallina o di purezza adamantina, [per arrivare] al diapason vibratorio di una sonorità musicale mozartiana in stile acquariano. C'è quindi più spirito che materia in Saturno. Il saturniano, spesso magro, è densità d'essere condensata su di sé e, se lo percepiamo a ogni livello, dal semplice piano agricolo, minerario, come a quello del geografo, dello storico, del bibliotecario, del ricercatore di laboratorio, la sua profonda intensità arriva fino al punto d'incontrarlo nel principe dell'astrazione Henri Poincaré, col suo Saturno-FC signore di Giove sull'Asc. Capricorno, e che, congiunto alla Luna, lancia un trigono ad entrambi. Matematico universalista che apre il mondo, andando oltre la meccanica celeste di Laplace, alla "teoria del caos" (congiunzione Sole-Plutone).

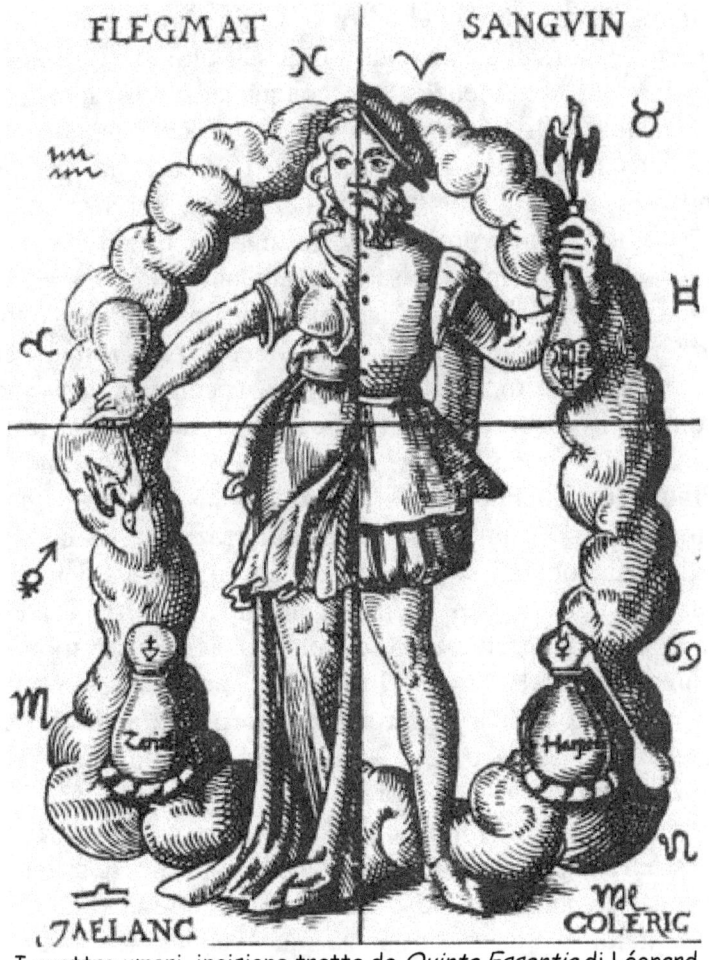

I quattro umori, incisione tratta da *Quinta Essentia* di Léonard
Thurneysser, 1574

Quando Urano attraversò il suo domicilio del Capricorno tra il
1905 e il 1912, nacque la fisica moderna con la scoperta dell'atomo
(oltre all'invenzione della prima stazione radio a galena,

cristallizzazione cubica del solfuro di piombo, metallo dell'astro, che permise di ricevere le onde). E al suo ultimo ritorno nel segno (1988-1995), la scienza ha conquistato un nuovo valore fondamentale. Gli Champollion del cromosoma hanno iniziato a decrittare i nostri geni (scoperti sotto il precedente passaggio di Urano nel Cancro, 1948-1955 - quando peraltro nacque la contraccezione con i progestativi di sintesi), a partire dal 1985 e hanno portato a termine il sequenziamento del DNA all'ingresso nel nuovo secolo. Sotto la congiunzione Urano-Nettuno in Capricorno del 1821, al tempo della *Meccanica celeste* di Laplace, le matematiche, attrezzi concettuali per eccellenza, avevano preso le redini della conoscenza scientifica. È non meno significativo che in astrologia mondiale la congiunzione Sole-Saturno segnali generalmente (quando non si manifesta su altri piani, come nei fenomeni naturali) un'epoca di cristallizzazione storica: una data situazione in corso di evoluzione tende a fissarsi e a determinare la storia. Solo per citare un esempio, sia sufficiente ricordare l'avvio della crisi che ha portato allo scoppio della II Guerra mondiale. La congiunzione del 1939 ebbe luogo l'11 aprile. Ora, i venti guerra con la paura collettiva trovarono la loro radice nella direttiva del *Dossier bianco* tedesco del 3 aprile, pubblicato lo stesso 11 aprile, documento minaccioso che prende di mira la Polonia e lancia un avvertimento all'Inghilterra e alla Francia, con la Wehrmacht che doveva tenersi pronta a renderlo operativo in qualsiasi momento a partire dal 1 settembre 1939. Certo, si può dire che anche in quel caso si tratta di una materializzazione della storia, ma è non di meno solo l'essenza iniziale. Per di più, troviamo il domicilio zodiacale dell'astro all'ingresso del Capricorno nel solstizio d'inverno (nel nostro continente), che contraddistingue il punto più basso del corso annuale del Sole, e che unisce la notte al freddo. In natura tutto è silenziosamente ripiegato su di sé: ibernazione di insetti e di animali, autodifesa di una vita rallentata e ridotta, con questa mezzanotte dell'anno che è come l'embrione di una nuova vita annuale; radice di un rinnovato inizio quando sotto la spessa e dura crosta che lo ricopre, il seme nascosto nel suolo aspetta di germogliare, cellula alimentare in cui s'elabora il lento e laborioso processo della vegetazione che precede di nove mesi il raccolto della Vergine. All'origine c'è dunque anche nel seme un concentrato di forze creative, quintessenza del divenire.

L'unico autoritratto di Leonardo da Vinci all'età di 60 anni (1512-1515 circa, schizzo in sanguigna, cm. 33 x 21) tratto da immagine su selciato a Parigi

Ritornando all'oralità, sembra che la sua manifestazione sotto ogni forma cresca in una moltiplicazione dei bisogni umani in funzione del progresso materiale della nostra civiltà. Consideriamo il fatto che una borghese agiata all'inizio del II Impero in Francia[6] riceveva da 4 a 5 vestiti per regalo di nozze e non ne indossava più fino alla sua morte. Nella nostra società dei consumi, sempre più prolifica di prodotti d'ogni genere, la voglia d'ingurgitare alimenti come quella dell'avere, con i suoi molteplici possessi, amplifica necessariamente la manifestazione del complesso anoressia-bulimia. *Povero è colui che desidera molte cose*, disse giudiziosamente il vegetariano, celibe e scienziato universale Leonardo da Vinci dal Saturno culminante; mentre il volere ingoiare il mondo intero condanna a una frustrazione insaziabile, minaccia di una penosa miseria interiore.

La frustrazione risultante da tale oralità appare infine come la principale fonte del male saturnino. Nelle oscure latebre dell'anima melanconica si nasconde la miseria di un insoddisfatto appetito di vivere, vana cupidigia di un qualcosa che sfugge all'essere, come fosse un bene perduto; sete non placata di un desiderio che non può essere esaudito. In silenziosa consunzione e languida vaporizzazione di un Io come costernato. Amarezza di privazione essenziale, più o meno tinta di disperazione, tristemente trascinata nei ricordi o condannata a dilettarsi del suo dolore in amaro godimento; quasi fosse una condanna alla galera, se succede che al male si mescoli un'impronta di "vizio" e di "peccato" con il suo seguito di colpa, per ricordare Crono, dio decaduto.

Capitolo 6

L'ISTINTO DI CONSERVAZIONE

La PROVA della solitudine arriva proprio nel momento in cui comunichi con la pace delle cose in una notte quieta. Avviene in quell'istante sottile, crudele, nitido come l'assurdo – un dardo! – in cui l'ondulazione della solitudine felice e della solitudine infelice si restringe al punto da condensare l'assurdità del dolore in una contraddizione: la solitudine felice è una solitudine infelice. Il cuore più tranquillo davanti alla notte più indifferente ha appena scavato il suo abisso. Per un nulla, su un nonnulla, nel mio cuore acchetato, il piccolo verbo della solitudine, la parola sola ha appena cambiato umore. Sono rare, ma oh!, quanto umane! Le parole la cui duplice sensibilità è così netta, il cui "valore" è così fragile!
(Gaston Bachelard, 1884 – 1962. *Fragment d'un journal de l'homme*, 1952)

Qual è, nell'ambito del carattere, l'equivalente psicologico della condizione vitale più densa e più stabile? Secondo lo stesso Manilio, Saturno ha autorità sull' "estremità opposta all'asse del mondo", poiché governa le "fondamenta" dell'universo, posizione del Fondocielo. La sua risposta è la base dei riflessi di autodifesa che si applica al bisogno elementare della conservazione della vita, per garantirne la durata nel tempo, tutte pulsioni assimilate a ciò che s'intende ordinariamente con "istinto di conservazione", radice e roccaforte, sovrana funzione saturnina a cui tutto ci riporta.

In primo luogo, forza vitale innestata sull'appetenza nutritiva, questa difesa è il precipitato di reazioni acquisite, sedimentazione di abitudini prese e fissate, capitale di protezioni e di resistenze a partire dalle quali il saturniano è fin troppo incline a parcheggiarsi, a fossilizzarsi, restringendosi sul suo orticello. È tuttavia vero che, spesso, ciò accade a vantaggio di un approfondimento favorito da una forte "secondarietà" caratterologica che assomiglia alla forza dell'abitudine: come un pesante volano che, lanciato, ruota veloce... persistenza dell'impressione ricevuta, che scava un solco, lascia una traccia, facendo in tal modo prolungare il passato attraverso la trama del presente. Ricordi consolidati, pregiudizi stabiliti, rimorsi persistenti, tenaci rancori, sforzi laboriosi, accaniti e perseveranti, abitudini inflessibili, fino a fissarsi nella routine: tutto questo diventa la reale trama di una rassicurante orizzontale continuità di sé. Lungi dal vederne i difetti che possono costituirne il prezzo, questo essere concentrato ci guadagna in consistenza, in stabilità, in solidità, estesa a convinzioni profonde e pertanto in resistenza, potendo quindi costruirsi un carattere granitico. Inoltre lui, meglio di chiunque altro, è in grado di valutare con calma le cose ordinarie: un nonnulla nel palmo della sua mano diventa suscettibile di diventare un bene prezioso (*È con una mela che voglio sbalordire Parigi!* Paul Cézanne), il che è il suo modo di guadagnarsi un posto al sole, ben percepito con la sicurezza di una realtà tangibile in cui si trova perfettamente a suo agio, che sia in modo discreto o modesto poco importa. Chi s'accontenta di poco ha più possibilità d'essere più felice, anche se talvolta un certo sprezzo può camuffare qualche impressione d'inadeguatezza. Similmente, gli ostacoli interiori e le altre barriere ch'egli prova verso la tentazione del desiderio producono spesso effetti benefici, in quanto gli fanno rinunciare a degli scopi prematuri per un miglior risultato. Se la lentezza può per lui costituire un handicap, la sua forza risiede in compenso nel saper prendere tempo e trovarvi il suo ritmo. Come potrebbe non essere stabile, dai legami solidi e durevoli? Tanto da potergli assegnare, ad esempio, il primo premio della fedeltà, addirittura nella continuità di una lunga durata. Come ogni frivolezza e futilità, l'effimero lunare, vanità della sfilata delle cose fuggevoli, sta agli antipodi di ciò che gli interessa; solo il durevole incontra il favore della sua serietà, arricchendo il granaio della sua memoria. In tutto ciò, il conservatorismo ha la sua debolezza, ma anche la sua forza con il concedersi la distanza del tempo, con il darsi un distacco. E così mentre Copernico, dal Saturno culminante, resuscita il sistema solare di Aristarco da Samo precedente di 17 secoli, soggetti con quattro pianeti in Capricorno come Jean-François Champollion (che l'ha in casa III) rompe il silenzio dei faraoni decifrando i geroglifici e consegnando l'immenso tesoro di una cultura trimillenaria; mentre l'archeologo Heinrich Schliemann, un Cristoforo Colombo dell'antichità, fa emergere dalla terra, tornare alla luce, una civiltà omerica a Tirinto e Micene, con i palazzi, tombe e tesori… Grandezza del distanziamento dalle cose e virtù del distacco di fronte alla vita. E se la staticità è una condizione simile all'immobilità degli stazionamenti del pianeta in cui ci si può fissare, il tempo si pone al servizio del saturniano che opera nella continuità fino a giungere a un apice tardivo, al punto di fare dei grandi vecchi, ammirati o discussi: Gladstone, Pétain, Adenauer…

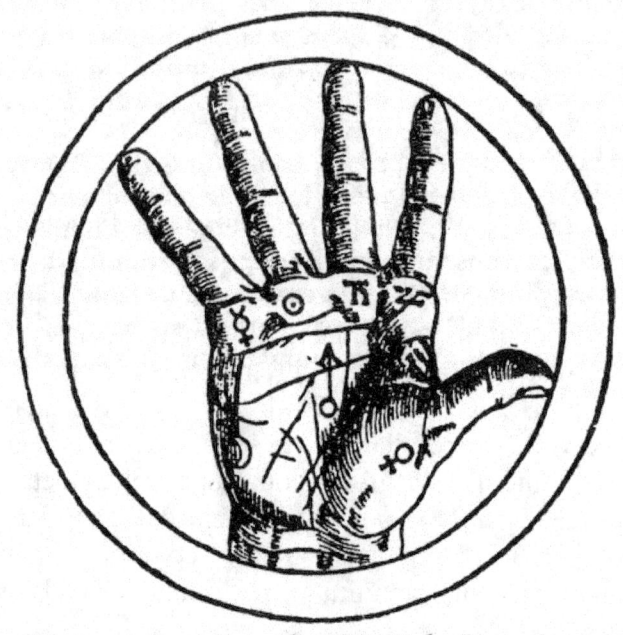

Chiromancie, gravure du XVIe siècle. La main et ses « monts planétaires », répartissant le système solaire dans l'espace de sa paume.

Il dito di Saturno è quello più lungo

La *paura* è anche implicita in un buon numero di tratti caratteriali saturnini, come se essi fossero al suo servizio: self-control, disciplina, decoro, ordine, integrità, semplicità, calma, osservazione, riflessione, pazienza, prudenza, preveggenza, riserbo, umiltà come pure timidezza, dubbio, timore, inquietudine, sospetto, diffidenza. Può inserirsi il secco[7], contribuendo a una rigidità di pensiero, fino a mostrarsi talvolta intransigente, "irremovibile sui principi", per difendersi meglio dalle sollecitazioni della vita. Il che può condurre sulla via dell'abitudinario, del pantofolaio, da economo dell'esistenza... Un passo in più e l' "istinto di conservazione" trova il suo discutibile alleato e riparo nella corazza dell'*egoismo*. La sua modalità saturnina di protezione è di barricarsi, di chiudersi al mondo, isolandosi completamente nell'insensibilità; specie d'anestesia affettiva alla sofferenza: non attaccarsi per non perdersi, non amare per non essere abbandonati... Tutta una panoplia di tratti di carattere saturnini vi contribuiscono nettamente: esigenza o maniacalità, severità, astinenza, continenza, mutismo, distanza, indifferenza, impassibilità, misantropia, freddezza. In breve, e ancora, il risalto dello slavato, del tedioso, dello spiacevole, tutto l'arsenale di una rimozione involontaria o di una repressione più o meno convenzionale della sensibilità, dell'affettività. E questa stessa corrente di tendenze è suscettibile di risuonare in un concorso fisiologico: ad esempio con una sordità isolante, così ben qualificata per mettersi al suo servizio.

L'identikit di questo saturniano, contrariamente al corno dell'abbondanza del gioviale dalla faccia rotonda di mangiatore sazio, fa regnare in lui una comoda economia vitale: al limite, del denaro se ne infischia, della riuscita ne diffida, del successo se ne guarda. Ciò che è naturale, l'ordinario, è necessario alla sua probità. Poiché la sobrietà è la sua virtù cardinale, in una semplicità di gusti e tranquillità d'essere, questo modesto è quindi a suo agio per accontentarsi di poco, pur se non è sprovvisto di risorse, e la cosa più elementare può renderlo felice in una purezza di vivere coltivando il suo giardino interiore; l'essenziale, non è forse ciò che conta? In breve, niente di meglio per essere impersonale e passare inosservato, come se talvolta si esercitasse a una sorta di indifferenza a sé stesso, a ridursi a un minimale centripeto. È d'altronde alquanto sedentario, rifugiandosi anche nei ricordi. Riduzione che si opera generalmente nel cocktail dei recessi dell'introversione: calma riflessione, concentrazione, raccoglimento, silenzio, meditazione. Che è un modo d'insediarsi nella propria interiorità, al riparo dell'esterno, più o meno trincerato contro tutto. E tuttavia senza la minaccia della forza corrosiva legata alla problematica del confronto con sé stesso, e di una lucidità più o meno sconfortante di misantropo ipocondriaco che porta alla consunzione di sé.

Capitolo 7

LA CEREBRALITÀ

Nessuna meraviglia se, da temperamento nervoso puro, il saturniano sia un *cerebrale*, con la paura iniziale che trattiene lo slancio vitale e che reprime la spontaneità; di modo che il pensiero si sostituisce all'emozione e alla sensazione di vivere, come se l'essere fosse raffreddato. Ciò peraltro non basta a farne un intellettuale: può interamente dedicare le risorse della propria intelligenza a un percorso di realizzazione che gli sia congeniale senza provare il bisogno di aumentare il proprio sapere. Lacuna tuttavia deplorevole, in quanto lo priva di ciò che potrebbe per lui essere lo sfogo di una problematica interiore: il cibo della mente. Ma con un simile temperamento, si apre da sola la strada – per poco che l'ambiente ve lo incoraggi – sull'arteria principale dell'intelletto, in direzione della conoscenza, della cultura o della scienza, fino a eccellere nell'astrazione, nel concettuale. Pensare è un esercizio di presenza a sé stessi: "Penso, quindi sono" ci ricorda un Cartesio affezionato a questa sfera mentale. Imbrigliata la sua animalità, il saturniano pensa a come aprirsi un passaggio verso la vita al fine di comprenderla. Ha bisogno di sapere per agire, d'avere davanti a lui delle rappresentazioni che gli concedano un distacco percepito come necessario. Una qualche sorta di presa di distanza. Per di più, lo studio è per lui una delle più preziose carte vincenti. La sete saturnina d'imparare è grande e, con l'eccezione di una esasperata avarizia sull'avere che cattura il suo interesse, l'amore della conoscenza è la principale fortuna che può concedersi, fino a diventare esperto nel proprio campo, abbeverandosi di saggezza. Lì sta la promessa della sua età dell'oro. Come lo Scorpione dà il meglio di sé quando le cose si mettono al peggio, il saturniano è in grado di resistere a qualsiasi prova e si trova nella sua migliore condizione quando - alleggerito da tutto ciò che è aleatorio e raccolto su sé stesso – si dedica a ciò che l'interessa. Nella purezza dell'essenziale - minerale che diventa cristallo o diamante - come una quintessenza di sé nel silenzio della sua interiorità. Persino, agli antipodi dell'avarizia, nell'annullamento della propria persona, sganciata dalla sua opera. Ciò non di meno, dove c'è il positivo il negativo non è lontano, quando il pensare si fa a scapito del sentire e del volere. Il pericolo è quello di crogiolarsi al punto di rinserrarsi nei propri "amati studi", oppure d'incatenarcisi come in una prigione interiore (soprattutto con un Saturno in XII).

Questa attività mentale si manifesta egualmente al servizio del nostro "istinto di conservazione", perché anch'essa è un meccanismo di difesa contro l'angoscia di vivere, con l'esistenziale che si converte, per sviamento, in pensiero. Il che traduce bene la famosa formula di Lacan: *Penso dove non sono, dunque sono dove non penso.* Non ci si annulla pienamente e superiormente a sé stessi al culmine di ciò che si crea, essendoci a ciò dedicati? Parlare intellettualmente del vivente è spesso un modo di fuggirlo, quando non si tratta semplicemente di tentare di contenerlo: bisogna "essere" ciò che si fa. Alcuni nevrotici scelgono le matematiche perché sono certi di non incontrare mai nelle loro equazioni il volto seducente ma pericoloso dell'amore né il ghigno della morte. In tal caso, a guisa del pensatore totalmente assorbito dalle sue riflessioni al punto di sfinirlo a svantaggio del suo progetto, si finisce per vivere non più *tramite* ma *per* l'intelletto; per quanto sia brillante, esso è utile, come un attrezzo, solo al servizio dello slancio vitale.

La pietra di Saturno (*Atalanta Fugiens* immagine n. XII*)*

Ben vissuto, questo processo saturnino di "cerebralizzazione" è tuttavia in sé una forza prodigiosa. Oltre al fatto che è la più pura e più alta facoltà del pensiero, noi evolviamo essenzialmente grazie al lui. È il grande liberatore delle nostre pesantezze e opacità animalesche, colui che ci libera dalle catene delle nostre manifestazioni istintuali, dalla prigione delle passioni. Mentre l'intellezione mercuriana "primaria" s'accontenta di davvero pochi interessi immediati, la leva saturnina della nostra ascensione intellettuale, morale e spirituale – assunzione cosciente e volontaria da parte dell'Io – diventa nel rapporto armonico Sole-Saturno, l'assistente più prezioso di un Sole "ideale dell'Io", che apre la strada alla conquista di sé. In quello stadio non si tratta quindi di uno stato saturnino subito, di cui si è vittima, come si vedrà più avanti; ma, al contrario, di un Saturno "lui stesso" vissuto *coscientemente*, preso in mano come si conviene e portatore di una vita superiore: se ne sono sposate le virtù e se ne raccolgono i frutti. Questo saturniano è in genere un individuo realizzato, ricco delle sue acquisizioni morali, spirituali, che apprezza tanto più questa riuscita interiore in quanto dovuta ai suoi soli sforzi e percependola come un'ascesa capricorniana (trono dell'astro). Qui, la solitudine è una cima luminosa, il sito prezioso della realizzazione di sé. Modello di una umanità che, da lui sostenuta, ha sposato il suo tempo (e con il suo ritmo), sapendo meglio di chiunque altro che il tempo disfa ciò che si fa senza di lui e tenendo duro nel lungo periodo come il maratoneta. Ciò ci ricorda la distanza dell'astro ai confini del settenario, la vita calma, profonda e silenziosa di lunga durata, poco importando la sua natura morale o culturale, essendo stato un siffatto compagno dell'esistenza la sua carta vincente, la sua gran fortuna…

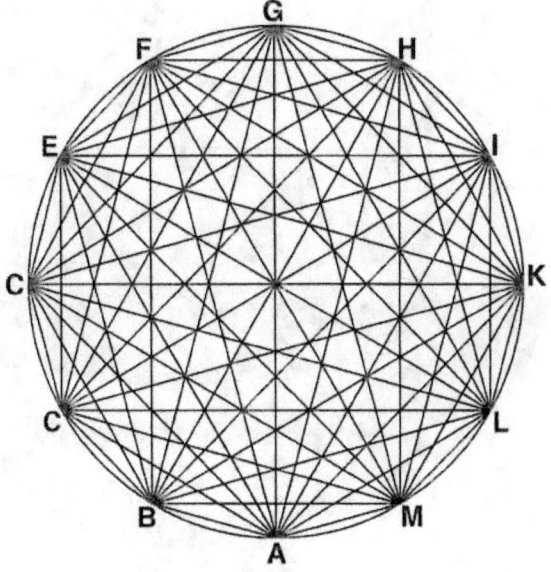

Giordano Bruno, Corpus iconographicum, 1591

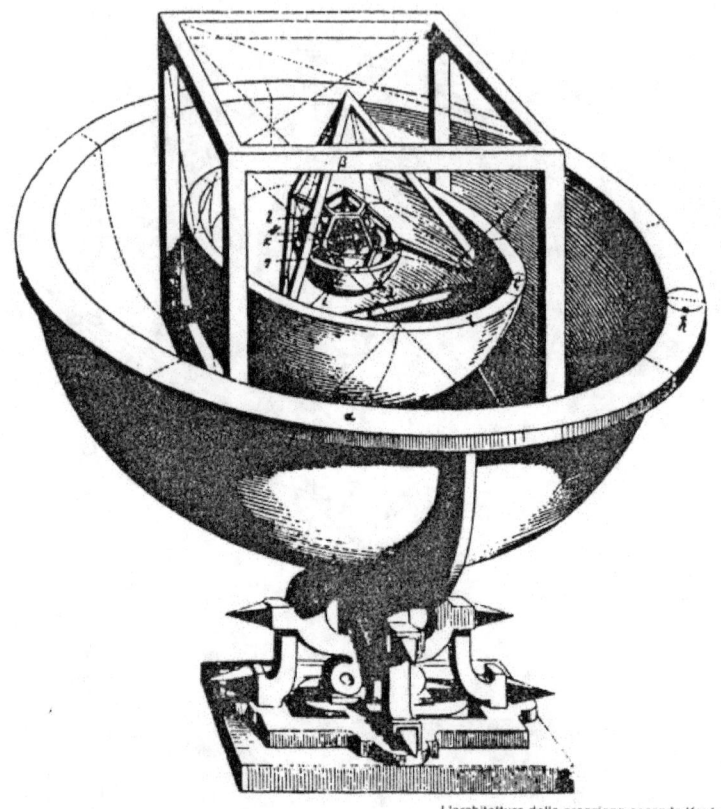

L'architettura della creazione secondo Keplero

Nel contenitore sferico domina il cubo quadratico di Saturno, seguito dal
tetraedro di trigoni di Giove[8]

Capitolo 8

IL GIANO SATURNIANO

Quindi, se il saturniano compiuto è in grado di raggiungere lo stato della più grande realizzazione di sé, condizione perfetta di uno scopo ottenuto nella serenità di un superamento della propria persona, sfortunatamente il Saturno dissonante che può dimorare in noi è fin troppo spesso vissuto *inconsciamente*; e quello, contemporaneamente lontano dall'Io e privato dalla disponibilità delle sue risorse, noi lo *subiamo*. È lui che ci fa psichicamente ritornare allo stadio orale della nostra prima infanzia. Una tale regressione psichica colpisce il tessuto affettivo dell'essere. Costui si trova di fronte a un problema di *avidità*, tendenza captativa soggetta sia bloccarsi come in avaria, sia a sfogarsi fino alla nausea, aspetti alterni di un *Giano originario anoressico-bulimico*.

Sotto le sforbiciate saturnine mal sopportate, il bambino che si sente abbandonato ha in effetti due modalità di reazione: da *rinunciatario* o da *rivendicatore*. Il primo accetta l'abbandono, da lui percepito, del suo ambiente familiare, si rassegna a lasciare la presa, sopportando il distacco come una carenza da accettare, una perdita da assorbire. Con tepidezza interiore, diventa precocemente maturo, come se avesse perduto qualche cosa di essenziale per la strada, perfino al punto d'essere talvolta già un po' vecchio da piccolo; anoressico affettivo, intraprende il cammino della rinuncia personale, tuttavia temprandosi in una carattere fermo, in un comportamento retto, forse anche indurendosi come una roccia. E benché, più avanti, ringiovanisca col trascorrere degli anni mentre invecchia, guadagnandoci in personalità. Succhiandosi il pollice e attaccandosi alle gonne della mamma, il secondo è come un mal svezzato che s'abbarbica ostinatamente, fissato a ciò che vuole recuperare, richiedendo pienezza, un insaziato che vuole colmare un vuoto da lui percepito. Lui, per contro, è un essere che – almeno nell'ambito di questa componente interiore - non è del tutto uscito dall'infanzia; un bulimico, desideroso di attenzioni materne, un po' in stato larvale, di sconforto o dedito al pessimismo, la cui anima turbolenta esposta al naufragio interiore va troppo spesso alla deriva.

Basta guardare da vicino la grande famiglia dei saturniani e dei saturnizzati per constatare senza indugio che ci troviamo di fronte a due categorie di personaggi. Da un lato: Carlo V, Filippo II, Dürer, Montaigne, Calvino, Keplero, Cartesio, Newton, Luigi XIII, Spinoza, Kant, Schopenhauer, Robespierre, Comte, Pasteur, Cézanne, Mallarmé, Gandhi... e dall'altro: Hölderlin, Kleist, Leopardi, Goya, Nerval, Poe, Musset, Chopin, Baudelaire, Verlaine, Proust, Modigliani, Utrillo... Ciò che distingue essenzialmente i due rami dello stesso tronco famigliare, in cui salta agli occhi la frattura sobrietà-intemperanza, è una polarizzazione della tendenza dura Sole-Urano che predomina presso i primi (in particolare scienziati e filosofi) e una supremazia Luna-Nettuno (poeti e artisti), molle in ogni caso, presso i secondi.

Nel rinunciatario ci viene restituito il classico quadro caratterologico del saturniano dalle virtù fredde: carattere austero, serio, disciplinato, ordinato, sobrio, integro, rigoroso, più o meno retratto e rigido, fissato al passato, dagli scrupoli da complesso di colpa, fondamentalmente amaro o pessimista, se non duro, disumano. Ciò che proviene dall'inconscio di questo cerebrale è la pressione Sole-Saturno del *Super Io*, una sorta di cappa di piombo che grava sulle spalle dell'Io come un ghiacciaio. Che diventa più o meno l' "Io detestabile" di Pascal dal Saturno in Leone. Questo Super Io severo è anch'esso al servizio dell' "istinto di conservazione". Ne ingrandisce le risorse per mezzo dei suoi meccanismi di proibizione volgendosi contro di lui: tutto ciò che ci si rifiuta in ragione di un giogo di esigenze o di obblighi che ci si impone; o di principi su cui ci si fissa più o meno rigidamente, con queste depauperanti costrizioni e tutta questa austerità quasi autopunitiva che, per difetto di autentica saggezza, va nella direzione di un "non essere".

Nel rivendicatore, che normalmente non figura nei manuali, facciamo conoscenza con il più o meno infantile, immaturo o vulnerabile saturniano "molle". La sua affettività trova libero sfogo, certo, ma è anche il suo punto debole, perché non la domina, essendo come da essa trascinato al di là di sé stesso. Ed è dal di sotto che viene assediato il suo Io, con la pressione dall'inconscio che in questo caso rappresenta una scalata se non addirittura una irruzione dell'*Es*. Un *Es* che l'abbandona ai capricci del desiderio, rendendolo insaziabile di sensazioni, nella corsa più o meno sfrenata verso la soddisfazione dei suoi demoni interiori. Frenando, il motore s'imballa. Agli antipodi del primo che tende a liberarsi di sé stesso purificandosi, un narcisismo egocentrico lo fa sprofondare proprio nella soggettività delle sue pulsioni, tra nevrosi e perversione, rendendolo spesso amorale e irresponsabile, minacciato dai suoi fantasmi, sovente diretto verso il sado-masochismo oppure ancora verso qualche bassezza o indegnità, l'alcolismo o di altro tipo, se non abbandonato alla melanconia.

Compiliamo ora la tastiera di questa bipolarità:

Il rinunciatario	Il rivendicatore
L'anoressico	Il bulimico
Il distaccato	L'accaparratore
L'insensibile	L'ipersensibile
Il virtuoso	Il libertino
Il fedele	L'incostante
L'asceta	Il gaudente
L'abdicatario	L'oltranzista
Lo scettico	Il fanatico
Lo sgobbone	Il pigro
Il disilluso	Il frenetico
Il sobrio	L'intemperante
L'austero	Il turbolento
Lo spersonalizzato	L'egocentrico

E così, tra le donne saturniane, l'avida Simone de Beauvoir che, pur essendosi costruita un impero della mente, prova verso la fine della sua vita l'amarezza d'essere stata fregata, e l'asceta Simone Weil, il cui dono di sé fino all'esaurimento vitale potrebbe assimilare la sua fine a un suicidio metafisico.

Soprattutto, guardiamoci dal valorizzare Saturno al MC e svalutare Saturno al FC: si tratta del nostro Saturno interiore tanto caro a Paracelso. Dentro di noi risiede quindi un "Saturno dell'alto", sovrano olimpico dalle promesse ultime di un' "età dell'oro", che ha sede al riparo di un pensiero elevato dove un essere spirituale si sente luminoso; e, di fronte a lui, come sugli abissi di un nero precipizio, un "Saturno delle profondità", riapparizione del dio caduto. Se il primo raccoglie i frutti dei suoi sforzi, nella modalità capricorniana di un'ascensione verso una sommità, il secondo, essere emotivo, minacciato da pericolose passioni sfogate visceralmente, ove il male è rivolto verso sé stessi, ricorda la caduta di Crono. Vittima troppo spesso esposta a sprofondare nell'abisso, sia sotto forma di una speranza sempre rigenerantesi e contemporaneamente sempre delusa, sia percependo una punizione che assume le sembianze di un fallimento, di un abbandono, di una caduta, di un degrado, oppure semplicemente di una malattia.

Esistono tuttavia situazioni in cui questi estremi sono compresenti. Oltre al fatto che la melanconia si distingue a seconda della configurazione saturnina che la personalizza, contemporaneamente nella diversità e intensità delle idee nere come nelle sue predilezioni. Presa a piccole dosi, la Signora Malinconia ha anche il suo fascino. E così, non si stenta a credere, ad esempio, che il pittore Luna-Cancro Camille Corot abbia parecchio sofferto per il suo Saturno all'Asc.: buonuomo tranquillo, immalinconisce con tonalità di anime tenere al suono di una piccola musica da camera e di salici piangenti, fa assaporare con parecchia soddisfazione i suoi delicati quadri di belle giovanette melanconiche, come pure il suo amore per le rive all'ombra di fresche valli, in profonda comunione con la natura. Oltre a un Paul Valéry il quale conviene che se "i melanconici sono gli infelici che pensano", di seguito aggiunge: "lo spirito sa come cambiare i dolori in opere". E Kant si spinge al punto di lodare la sublimità della prova melanconica, la qual cosa era stata massimamente percepita da quel gran solitario che fu Michelangelo, capricorniano dal Saturno al suo tramontare, incorniciato da cinque aspetti armonici in forma di aquilone[9]: "La mia gioia è la melanconia, e la mia quiete questo malessere"! Gli estremi, come sempre, non sono lontani l'uno dall'altro, come ancora il contrasto tra il saturniano che non smette di trarre beneficio dal rasserenamento dell'età, magnifico nella vecchiaia, e quello abbattuto dalla scomparsa di ciò che fu nel corso della vita, arrugginito dal peso degli anni, che finisce col diventare un vecchio gracile, tremolante, dalle mani nodose, con i tratti devastati da una lugubre decrepitezza...

Questi due poli saturnini interagiscono come il giorno e la notte, non essendo il saturniano sistematicamente allineato *in toto* sull'una o l'altra delle colonne, ed essendo ciascuno di essi una combinazione simile al mantello della zebra. D'altronde, oltre al passaggio dall'uno all'altro, c'è spesso dell'avidità nella stessa rinunzia, come nel gusto del martirio, autentica sete di sofferenza, della saturniana Teresa de Lisieux. E l'ambizione, superiore aspirazione a estinguere una sete d'esistere, piace al rinunciatario che, per distanziarsene, gli appone volentieri un'impronta impersonale o addirittura di anonimato. L'avarizia - peccato capitale dell'astro – frutto di un'introiezione in cui l'essere si cristallizza sull'avere, è contemporaneamente avidità e astinenza: l'avaro è per identificazione fossilizzato sul suo tesoro, ultimo ossessivo sostituto del suo biberon. Tra la sordidezza dell'avarizia e la grandezza o nobiltà dell'ambizione, l'avidità ha più di una carta da giocare per potersi soddisfare, poiché essa fa tanto lo stacanovista (bulimia da lavoro frequente con l'astro in VI, di converso al fannullone parassita impotente di fronte allo sforzo) quanto il geloso tirannico, il collezionista insaziabile, l'erudito che misura all'infinito, tutti affamati di cibi differenti, proprio come il beone assetato di alcool. E non è sempre facile diagnosticare l'evoluzione di un Saturno in X, nella differenza fra la scelta di una carriera inappropriata (la politica) e appropriata (la scienza): carriera faticosa, afferrata dal vuoto, dagli intoppi, dalle interruzioni o dal fallimento, in ogni caso deficitaria; oppure, all'inverso, schiacciante e invasiva, in una parola: divorante. Come pure è difficile, con Saturno in II, sapere se il suo impatto sarà più mentale (ad esempio in un senso d'insicurezza finanziaria, quale che sia il patrimonio), o piuttosto materiale, con sforzi per guadagnare o con difficoltà a farsi pagare, se non in risorse limitate. È ad esempio evidente, nel caso della tendenza all'orfanilità, che nessuno avrebbe potuto predire che Maxime Weygand, col suo Saturno in Scorpione al MC, non seppe mai di quale padre egli fosse figlio; mistero delle proprie origini, per lui fonte di continuo tormento... Non si sa mai troppo bene che il nostro sapere rimane in genere fermo all'essenza della tendenza.

Saturno è l'astro del settenario dagli estremi contrasti di valori, e ciò dipende dal dualismo di questo Giano, divinità dalla doppia faccia dal nome che richiama – per caso? - il 10.mo della sua corona di satelliti. Che c'è di più lontano, qualitativamente, tra il mendicante, supremo mal svezzato, dalla miserabile vita quotidiana, appeso alla sua mano tesa, e l'anacoreta così distante dai suoi bisogni, libero da questi in un supremo distacco? Il fossato più grande è quello che separa il meglio, procurato per mezzo dell'intelletto (l'immortale scoperta delle tre leggi astronomiche di Keplero, raccolte come nel palmo della mano) o dello spirito (il luminoso percorso di un mistico) e il peggio di ciò che scatena sul piano istintuale. Gli siamo debitori delle vette della vita spirituale, delle più alte costruzioni del pensiero (come la simbolica congiunzione di Einstein Sole-Mercurio-Saturno prossima alla culminazione) come di quelle nelle sfere della cultura: esemplare è l'inesauribile Picasso dal culminante Saturno in Toro, divoratore di migliaia di quadri, capo del saturnino Cubismo durante la traversata di Urano in Capricorno dal 1905 al 1912. Ma se Saturno così è all'apice, lo si trova non di meno negli abissi. È lui che – sempre la caduta di Crono – ci fa cascare nella fossa facendoci cedere ai nostri demoni interiori. Nulla di peggio, ad esempio, della sua partecipazione in negativo a una dissonanza Marte-Plutone per disumanizzare l'essere, con le pulsioni aggressive di Thanatos che regrediscono per causa sua allo stadio arcaico dell'"età della pietra", più o meno dedite alle devastazioni di uno sfogo selvaggio; una simile mostruosità può essere "permutata" con l'abisso di un'altra caduta, come il collasso nella malattia, e addirittura fino alla rovina fisica o morale.

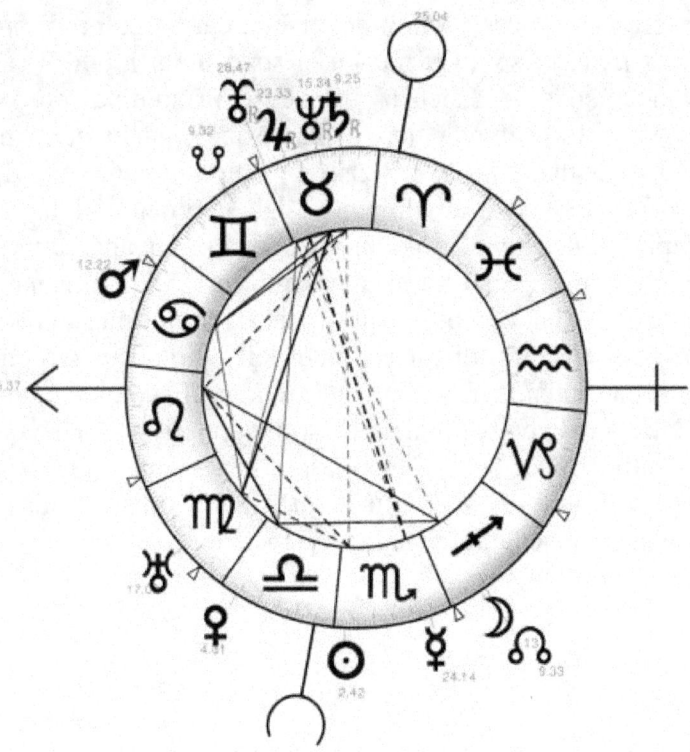

Pablo Ricasso nato a Malaga il 25/10/1881 alle 23:15 (carta del cielo eretta con AstroQuick 7)

In fin dei conti in una contraddizione finale dove i contrari si ricongiungono, questo Giano pone il confronto di un "istinto di conservazione" che rende attaccati alla vita con ciò che ne rappresenta il disfacimento. L'altra faccia è quella dello spietato dio del tempo, responsabile della durata della vita umana, autentico complice della morte. Presente in stato virtuale alla nascita con la primigenia paura di vivere, la sua danza macabra è presente "per delega" in diverse circostanze, soprattutto quando si subisce la grande prova del decesso di una persona cara – colpo di falce che priva una parte di sé alla vita – e ci sono molti modi di essere in lutto nel corso dell'esistenza. Anche se in sordina, più o meno silenziosamente, tuttavia lei è là, psicologicamente, in certe situazioni di malattia, nei sensi di colpa autodistruttivi, nella carenza d'essere e nell'avvilimento degli stati depressivi, mentre la vera depressione è un clima da morti viventi. E quando arriva il suo tempo, l'ombra di Saturno si appesantisce inesorabilmente con la decrepitezza della vecchiaia fino – direzione ultima della freccia del tempo – al colpo di falce finale dell'ultimo viaggio che ci fa cadere nella tomba, definitivamente freddati. Ecco qual è, in fin dei conti, oltre a ciò che segue nei prossimi capitoli – escluso qualsiasi discorso filosofico, perché non esorcizza niente – la realtà del discorso di Saturno, visto con la luce della mia limpida piccola lanterna al termine delle tre annate saturnine.

Capitolo 9

IL MALEFICO

Xilografia. Simon Vostre, *Livre d'heures*, Parigi, 1502

È comprensibile che si sia addebitato all'astro la più detestabile accusa di malefico che esista, facendone un maledetto, il Saturno satanico in cui non si fatica a vedere all'opera l'occhio del Maligno, anche lui un angelo caduto: centro della sofferenza, già percepito alla nascita, che associa la vita umana a una valle di lacrime e che incatena i destini del mondo ai cavalieri dell'Apocalisse. Ascoltiamo Alain de Lille del XII secolo:

In tal luogo Saturno attraversa lo spazio con la sua avida marcia,
  Avanza con passo pesante attardandosi lungamente (...).
  Lì regnano dolore, gemiti, lacrime, discordia e terrore,
  Si è tristi, lividi, ci si percuote e si è maltrattati.

E nel XIV secolo, Geoffrey Chaucer rincara la dose nei suoi *Racconti di Canterbury*:

Il mio corso, così ampio da girare,
  Ha più potere che chiunque sappia,
  Mio lo sprofondare nel così livido mare;
  Mia la prigione nel tetro mastio;
  Miei lo strangolamento e l'impiccagione;
  Il mugugno e la ribellione contadina,
  Il malcontento e il segreto imprigionamento,
  Mia la rovina dei gran palazzi,
  La caduta di torri e mura,
  Mie le malattie fredde,
  Gli oscuri tradimenti e vecchi complotti;
  Il mio sguardo è il padre della peste.

Oppure ancora:

Chi il fuoco risparmia, è annegato dal mare,
Chi il mare risparmia, è annientato dall'aere pestilenziale,
Chi la guerra non uccide, la malattia se lo porta.
Ecc.

Come potrebbe una tale disposizione d'animo non preoccupare l'astrologo, incline a reagire cancellando il male, come per esorcizzarlo? Sento già la veemente indignazione dei colleghi: che predicozzo questa storia del "buono" e "cattivo"! Con Saturno genio del male, gran maestro delle sofferenze umane, cantore del dolore che incatena le sue vittime alla ruota della sfortuna! Brr, che spavento! In confronto a Giove il magnifico, meraviglioso benefattore, gran Zorro che dispensa felicità. In compagnia dell'aspetto cosiddetto "benefico", certificato di buona condotta con la Legion d'Onore; mentre il "malefico" con il suo bagaglio di bassezze... Inutile tornare qui su un consenso ben consolidato; a livello essenziale, del simbolo, queste categorie del più e del meno non esistono affatto, con la vita e la morte che sono due facce della stessa medaglia, come lo sono i luminari di fronte a Saturno. Ma il principio è una cosa e il vissuto della realtà incarnata è un'altra che grida vendetta all'interprete che rifiuta di scendere su questo terreno. E qui, come un mal di denti da Marte di cui potremmo benissimo fare a meno ma che occorre curare, il percorso di Saturno [accompagnato] con la fatica di vivere è un fatto al cui nucleo occorre portare una luce più o meno salvifica. Senza peraltro dimenticare – il meglio compensa il peggio – il bene prezioso che si riceve dall'altro polo del Giano saturnino: la ricompensa costituita da ciò che c'è di meglio su questa terra: la realizzazione intellettuale, culturale o spirituale di sé. Ciò ammesso, e senza poter sempre ben discernere la destinazione, la prova saturnina si decide, a seconda dei casi, tra la condizione di un'esistenza più o meno oppressa da mali: corporali, affettivi, economici o d'altro tipo (i pesanti destini delle saturniane Caterina de Medici, Maria Stuarda di Scozia ed Eugenia, compagna di Napoleone III); e lo stato psichico di una mancanza di senso di un'esistenza in cui vige una carenza vitale (sentimento di perdita, sensazione di mancanza, impressione di caduta) che può arrivare fino a una sorta di rovina dell'anima. Il che viene al limite riassunto dalla frase di Chateaubriand: " Si vive con un cuore pieno in un mondo vuoto e senza avere usato di nulla si viene abusati di tutto."

Saturno, da un'incisione della bottega di Dürer, XVI sec.
Il sinistro cavaliere celeste che genera il duro lavoro, la servitù, la
prigione, la malattia, la vecchiaia e la morte.

Capitolo 10

LA MELANCONIA

Il Pensatore (1902), scultura in bronzo di Auguste Rodin (1840 – 1917)
Museo Rodin, Parigi.

MELANCHOLIA.

Hienauß/dortnauß/mein sinn sich senckt/   Vnd manche seltzam Kunst erdenckt.
Bist du mein freundt/thu mich nicht jrren/   Sonst wirstu mir mein Hirn verwirren.

Mir bringt kein freud der Kinder schreyen/   Der Hüner getzen/Eyer legen.
Laß mich nur bleiben bey meim sinn/   Sonst wirstus haben klein gewin.

Melancholia. In JOBST AMMAN, Wappen- und Stammbuch, Francoforte, 1589

Non mancano certo le illustrazioni che rappresentano la melanconia sotto tutti i suoi aspetti, come *Il Pensatore* di Rodin, un vecchio oppresso, piegato su di sé, con la testa come appesantita da un tormento mentale, sostenuta da un pugno appoggiato al ginocchio. Non c'è dubbio che la tendenza negativa del saturniano, soprattutto se con Luna dissonante, è di volgersi alla melanconia, fino ad arrivare addirittura a dilettarsi della sua tristezza e chiudendovisi mestamente – i grandi dolori non sono forse muti? – nel silenzio della sua solitudine. Non senza diversi modi di subirla, dal pessimismo amaro che affligge il giudizio rendendo doloroso lo spettacolo della vita, fino al disgusto stesso di vivere, negando la propria persona...

Nella sua *Metapsicologia*, Freud ha dedicato un capitolo intero a "Lutto e melanconia", in cui tenta di coglierne l'essenza, raffrontandola con il normale affetto del lutto, accostamento giustificato da un quadro d'insieme che è simile in entrambi gli stati:

La melanconia è psichicamente caratterizzata da un profondo e doloroso scoramento, da un venir meno dell'interesse per il mondo esterno, dalla perdita della capacità di amare, dall'inibizione di fronte a qualsiasi attività e da un avvilimento del sentimento di sé che si esprime in autorimproveri e autoingiurie e culmina nell'attesa delirante di una punizione. Questo quadro guadagna in intelligibilità se consideriamo che il lutto presenta gli stessi tratti, ad eccezione di uno; il disturbo del senso di sé va per la sua strada. Ma per il resto è lo stesso. Il lutto profondo, ossia la reazione alla perdita di una persona amata, implica lo stesso doloroso stato d'animo, la perdita d'interesse per il mondo esterno - fintantoché esso non richiama alla memoria colui che non c'è più -, la perdita della capacità di scegliere un qualsiasi nuovo oggetto d'amore (che significherebbe rimpiazzare il caro defunto), l'avversione per ogni attività che non si ponga in rapporto con la sua memoria. Comprendiamo facilmente che questa inibizione e limitazione dell'Io esprime una dedizione esclusiva al lutto che non lascia spazio ad altri propositi e interessi.

La comune caratteristica ai due stati è quindi un *clima* in cui ritornano i termini di depressione, di perdita, d'inibizione, di diminuzione, di sospensione, d'abbandono. Freud percepisce la seguente differenza: *"Nel lutto, il mondo è diventato povero e vuoto, nella melanconia, lo è lui stesso."* Al centro di quest'ultima risiede un impoverimento dell'Io, la sconfitta della pulsione, con l'inappetenza vitale che si traduce in insonnia, nel rifiuto di alimentarsi, in impoverimento esistenziale. Freud precisa: *"la regressione dall'investimento oggettuale alla fase orale della libido (fase che appartiene ancora al narcisismo)."*

In breve, dacché la melanconia è un modo d'essere in lutto per la propria persona, che prende a prestito l'insieme delle manifestazioni risultanti dalla perdita di una persona cara, vediamo all'opera il fenomeno del "trasferimento" del simile nella sostituzione da esterno a interno: introiezione che garantisce il legame simbolico di Saturno contemporaneamente con la melanconia e la morte. Riflesso speculare di un duo "a volte l'uno, a volte l' altro", possibile equivalenza simbolica così eloquentemente espressiva degli antipodi del rovescio dell'astro di fronte al fondamentale focolare vitale della coppia dei luminari, con il pianeta che esercita la funzione di ribaltamento dei suoi contrari: dualismo Eros-Thanatos, vita morte.[10]

C'è tutto un insieme di situazioni su uno sfondo di apatia fisica e di anestesia psichica: fatica, indebolimento, rallentamento psicomotorio, disinteresse, esaurimento nervoso, depressione, tristezza. In breve, un affievolimento vitale della persona, col significato di caduta, spesso accompagnato da inappetenza:

prostrazione, abbattimento, depauperamento, atonia, sconfitta... Ne derivano differenti discorsi: "Non vale la pena di darsi da fare; in ogni caso non importa nulla." "Mi sento a disagio dappertutto, mi sento sempre di troppo." Mi considero un estraneo nella mia stessa famiglia." "Non serve a niente e mi lascia indifferente." Ci si lamenta sovente – sullo sfondo di una sequela di dinieghi, con idee fisse, e sullo sfondo di un nulla vertiginoso – di avere fallito in partenza, come se si fosse stati gettati nella vita; non senza talvolta ripetere di non comprendere il perché della venuta al mondo, o addirittura di non essere figlio dei propri genitori. Fino al punto di sentirsi colpevoli d'esistere, non accettandosi poiché non si è stati accettati (o avendo avuto questa impressione), essendo la frustrazione all'origine del male. Come se alla nascita avesse sentito la mancanza dello sguardo contento della madre, consacrazione originaria del desiderio di vivere. In egual misura si lamenta del vuoto della coscienza, quando quella rimescola una folla di pensieri, al punto – momento di cerebralità scatenata – di vivere un monologo metafisico, autentico bisogno che lo ossessiona a pensare; una specie di emorragia di ideee che turbinano, che si scervellano cercando, per poi rinchiudersi: "Parlo... ma non riesco a calarmi nelle mie parole." Al punto di sentire la necessità di dirsi, di dimostrare a sé stesso di non essere nulla, con l'"Io" melanconico che diventa, secondo Lacan "mancanza dell'essere". In questa costrizione a pensare a vuoto in un discorso "anaffettivo", arriva persino a dire che è già morto: autoaccusa, autosvalutazione, necessità di maltrattarsi o, spesso, quando emerge la melanconia, sente l'assenza del felice sguardo materno che accoglie la nascita, avanzando l'interrogativo di un "chi sono io?"

Nel suo diario, Kierkegaard dichiara: "La mia sofferenza è di non essere veramente uomo, di essere troppo mente." E Amiel[11]:

"Nulla mi pare di vivere più in me, né fuori di me... Sento che tutto ciò che è mio si stacca da me..." Nel distacco da sé e dal mondo, il melanconico è quindi come vittima di un lutto di cui ignora sia l'origine che l'oggetto, nel male di vivere in un interminabile monologo, con l'assenza di desiderio che conduce alla nozione del *nulla*; un nulla significante della morte, e il soggetto arriva a "vivere la sua morte". E cioè nell'ambito di un argomento che "gira a vuoto", in cui la risposta sembra essere cercata per non essere trovata. Poiché "penso e non sono", si sfinisce a pensare, il suo unico modo d'essere: penso per paura di non essere. "Non sono dove sono il giocattolo del mio pensiero; penso a quel che sono dove non penso di pensare." (Lacan)

Un'altra caratteristica comune a Saturno e alla melanconia è il ricorso al significante primordiale del Destino. Freud stabilì un rapporto privilegiato tra le pulsioni d'autoconservazione (istinto di conservazione) e la morte, nel senso che quella assicurerebbe all'organismo il ritorno all'inanimato, al non vivente che precederebbe il vivente. La pulsione di morte si esprime in una spinta del vivente a ritornare all'assenza di vita. E con un tal passaggio vede la personalizzazione del Super Io riferita al Destino che, solo, può dare senso a una simile passione per la morte. Si conosce il contributo apportato da Saturno, quando è dissonante con il Sole, all'indurimento dell'Io. Addirittura in risonanza col mitico retaggio di un peccato originale che incapsula l'essere in un senso di colpa gravato dal senso della fatalità da cui procede l'implacabile intervento del destino. Credenza perfetta che sostiene tutta la consistenza del discorso melanconico. È vero che, nell'affermare che è già morto, il malato potrebbe preservarsi dalla morte reale a cui l'inciterebbe il passaggio all'atto suicida. Un modo simbolico di costruire un bastione verbale, simbolico, che può contribuire a mettere al riparo dal pericolo del desiderio di morte, nuovo distanziamento da sé per mezzo dell'intelletto, nella misura in cui è tenuto a difendersi per mantenere il proprio attaccamento al nulla, fino a gustare un calvario, così foneticamente attiguo al cadavere.

Voltaire credette di aver trovato la soluzione al problema affermando in modo umoristico che il contadino non ha tempo per essere melanconico, poiché ha sempre qualcosa da fare. Certo, non c'è maggior fonte di melanconia dell'ozio, e miglior rimedio dell'attività; Seneca aveva già detto che è meglio "fare qualsiasi cosa piuttosto che far niente". "Scrivo sulla melanconia per evitare la melanconia" dice saggiamente Robert Burton onde "calmare" la mente per mezzo della scrittura. Davvero un approccio elementare al male, e tuttavia il rimedio del lavoro ha la sua virtù, è un esercizio che occupa la mente, poiché si scompare a sé stessi in quel che si fa assorbendo l'esterno. Oltre al fatto che, assieme alla *morale* e al *dovere*, il *lavoro* è attività specificamente saturnina, soprattutto quello mentale. Qui, ignorando l'inconscio, il nostro filosofo dei Lumi è, ben inteso, estraneo al principio di equivalenza simbolica, comune alla sfera delle malattie psicosomatiche, sostitutivo di un "o questo - o quello" del simile; come sembrerebbe altrettanto esserlo la fatica sfibrante del lavoratore uscito stremato dal giogo dell'aratro. La sofferenza fisica del contadino abbattuto assomiglia a un calvario che non ha alcun bisogno di sostituzione con altra manifestazione saturnina.

È tuttavia vero che un saturniano dotato di un Marte vigoroso è manifestamente meglio armato, per via della sua energia, per fronteggiare uno stato depressivo. Conviene anche rammentare che un'opposizione Marte-Saturno è manifestamente specifica dello stato ciclotimico, passaggio di alternanze tra eccitazione e depressione. C'è però la doppia angolarità della segnatura Saturno-

Marte (o Marte-Saturno), esposta dai Gauquelin come risultato statistico nei chirurghi. È esemplare il caso affine (non era chirurgo) dello scienziato Louis Pasteur (Dole, 27/12/1822, a ore 2:00, anagrafe) la cui genitura evidenzia Marte al FC e, per giunta, anche un gigantesco Saturno – per via di 6 pianeti in Capricorno, e perché riceve ben 5 trigoni! – che domina al tramonto, in aspetto al MC. Uomo la cui immensa scoperta dei batteri lo ha reso sterminatore di epidemie e infezioni microbiche, febbre puerperale compresa e, contemporaneamente, il salvatore delle donne in precedenza minacciate dal mortale pericolo del parto: ne moriva una su cinque (Giove accompagna la Luna in VIII). Per di più, la terra del suo Saturno in Toro - grande componente orale di questo scienziato, che mette specificamente il freddo al servizio dell'uomo – ha rivoluzionato l'alimentazione umana grazie alla conservazione delle bevande e dei prodotti alimentari: in questo campo, la sterilizzazione diviene un asso vincente! Niente di più evidente: stavolta assistiamo a un ribaltamento del simile contro la morte, con Saturno che passa alla parte benefica della barricata, al servizio della vita, alla chetichella, senza squilli di trombe o suoni di tamburi! Qui osserviamo il potere dell'uomo di ostacolare il male e di mettere le sue astralità saturnine al proprio servizio, destituendo lo spettro della fatalità.

Rispetto alla melanconia il contributo dell'astrologo consiste, dopo averne decifrato la configurazione personale, a invitare colui o colei che ne è affetto a investire una parte della propria vita intellettuale allo scopo di dedicare il suo capitale di pensiero a una materia culturale che gli si addice specificamente, da ricercare nell'ambito del dialogo tra interprete e interpretato. Processo di giunzione indubbiamente insufficiente a livello terapeutico ma che, riassorbendo più o meno l'emorragia di una fuga nel vuoto, contribuisce tramite il recupero del proprio potenziale a restaurare la persona nell'attività autocreativa; tanto più che il saturniano, utilizzando la carta vincente del lavoro, deve sapere che il bene più prezioso è quello che può fare a sé stesso.

Capitolo 11

I FIGLI DI SATURNO

Il testo *Jupiter-Saturne*[12] espone una valida lista di saturniani di ogni condizione, corredata dai dati di nascita. Non voglio qui soffermarmi su tale compilazione. Accontentiamoci di evocare un insieme di saturniani pittoreschi o sintomatici tra i più illustri. Non affibbiamo però a tutti l'etichetta di saturniano, poiché l'elenco è stato allargato a una buona parte di personaggi che non lo sono, ma di cui era interessante svelare la loro "saturnità". Tale personalizzazione di "Saturno dentro di sé" è un modo d'entrare nel laboratorio dell'astro per vedere come, in un caso e nell'altro - si fabbrica questa "saturnizzazione". Se, dopo Giobbe - e non dimenticando gli stoici che rappresentano un culmine della condizione umana saturnina - ricorre un certo volto della saggezza con riferimento a un Democrito o un Diogene, come in altri saggi orientali, e come pure in certi archetipi letterari quale Amleto, ci sono molti personaggi che suscitano il nostro interesse. Desiderando completare questo studio, è previsto un "Panorama degli introversi" con questo scopo.

Quale astrologo non ha rivolto la propria attenzione sulla *Melencolia I* di Albrecht Dürer (Norimberga, 21/5/1471 alle 11:20 del calendario giuliano; tema natale redatto da un parente, il canonico di Bamberga Lorenz Beheim) segnato da una congiunzione Sole-Saturno culminante in Gemelli? Sin dalla sua giovinezza dipinse il suo autoritratto in posa di pensatore melanconico. L'immagine raccoglie una costellazione saturnina dalle incalcolabili risonanze il cui eco i secoli non cessano di rinviarci. Una cometa illumina lugubremente la composizione: arcobaleno, clessidra che misura lo scorrere del tempo, l'ossessione della morte, quadrato magico, freddoloso levriero dal muso affilato ripiegato su sé stesso, sfera, attrezzi di lavoro, pipistrello vampiro, donna alata tristemente abbandonata alla melanconia. Come la sfera, la pietra squadrata ricorda la conoscenza astratta, tra cui la geometria, scienza di Terra. Nella distribuzione dei poliedri del sistema solare, Keplero fa corrispondere il cubo a Saturno, con i suoi angoli retti che si accordano a delle quadrature, allo stesso modo in cui i trigoni del tetraedro si accordano a Giove. L'opera di Dürer è carica di tragedie universali in cui operano i cavalieri dell'Apocalisse. Non dimentichiamo il quadro dei "Quattro Apostoli": Giovanni il sanguigno, Pietro il flemmatico, Marco il collerico e Paolo il melanconico.

Melencolia I di Albrecht Dürer (1471 - 1528)

Unico nel suo genere è l'estremo ribaltamento orale del "o tutto o nulla" di Carlo V (Gand, 24 febbraio 1500 alle 3:30 secondo Gaurico, Cardano e Giuntini) dal Saturno in Toro al FC, tallonato da Marte ai suoi fianchi e per di più alimentato dal sestile di una congiunzione Sole-Giove in Pesci, il tutto ramificato a una congiunzione Luna-Nettuno-Asc. in Capricorno. Il rapace erede degli Absburgo, dal motto "Sempre oltre", che punta a niente meno che una monarchia universale e, non avendo potuto raggiungere il suo scopo, giunge a una rinuncia totale. Non solo abdicando alla corona ma, per di più, tuffandosi in un severissimo ascetismo conventuale, con l'austerità delle mortificazioni fisiche e morali che arrivano fino al punto di celebrare da vivo i suoi funerali.

Non c'è da stupirsi che un Saturno in Gemelli al MC e in quadratura all'Asc. sia la segnatura del Pesci canonico polacco Niccolò Copernico (Torun sulla Vistola, 19/02/1473 alle 16:45, secondo lui stesso) il quale riesuma un'ipotesi di sistema solare dai testi antichi, e che dopo di lui Tycho Brahe, Keplero, Galileo e Newton – grandi instauratori dell'orologio celeste (cfr. *Les fondateurs de l'astronomie moderne*) – avrebbero consolidato, passo passo, nell'incontro del loro Sole in Capricorno (la quintessenza) e Pesci (l'infinito) discernendo magistralmente quell'universo celeste.

Venuta al mondo a Firenze al levar del giorno del 13/4/1519 (così gli astrologi hanno tramandato le sue coordinate), Caterina de' Medici porta bene la segnatura del suo Saturno in Capricorno al MC, su sfondo Toro, in opposizione a Marte in Cancro al FC; lei che, nei giorni successivi alla nascita, perde entrambi i genitori, e che trova rifugio presso zio Clemente VII. A 14 anni viene maritata a un figlio di Francia che non avrebbe dovuto regnare ma che, per via del decesso del delfino, diventa erede al trono. E così, inatteso culmine saturnino, Caterina sarà regina; ma per ventisei anni piega la schiena in oltraggiosa sottomissione verso Diane de Poitiers che esercita un forte influsso su Enrico II. Una volta scomparso il re, è lei che esercita il potere durante i trent'anni di regno dei suoi tre figli, diventati re. Il suo motto era: "Pazienza, pazienza e tutto andrà bene". Nel cuore delle terribili guerre di religione, quella fiorentina non poteva non essere messa alla prova del potere, sovente vissuto anche come un calvario, senza riuscire a impedire alla sua morte la sparizione dei Valois dal trono di Francia.

Il Capricorno sorge e Saturno tramonta, entrambi in aspetto al Sole in Vergine, all'atto della nascita dell'estremamente secca e fredda (ma quanto cerebrale!) Elisabetta I d'Inghilterra (Londra, 7/9/1533 "tra le 15:00 e le 16:00 secondo sua madre[13]" e secondo la cronaca di Edward Hall del 1542, riportata da Martin Harvey). La quale Elisabetta, senza rinunciare alle smancerie di zitella, s'è vantata addirittura della sua verginità, fino al punto di aver fatto incidere una targa in marmo apposta sulla propria tomba: "Qui riposa Elisabetta, che visse e morì regina e vergine".

Saturno in Cancro si trova all'Asc. e forma un trigono col MC nella genitura di Michel de Montaigne (castello di Montaigne, Périgord, 28/2/1533 tra le 11:00 e le 12:00, secondo egli stesso). In questo si può riconoscere l'uomo dei *Saggi*, in ritiro nella torre d'avorio della sua "biblioteca" che trascorre la vita a studiare sé stesso nelle sue riflessioni, con la meditativa contemplazione di sé che per lui diviene un'autentica scuola di saggezza. Per questo scettico provato dal dubbio per "sbarazzarsi dal pensiero della morte" non c'è niente di meglio che pensarci sempre, e vivere pensandoci è il solo modo per apprezzare al suo giusto valore il prezzo della vita.

Non è forse sufficiente che André Le Notre (Parigi, 12/3/1613) abbia una stretta congiunzione Sole-Saturno (con Mercurio-Venere in Acquario) per rappresentare il classicismo francese, l'ordine razionale del potere monarchico del Re Sole, alla cui disciplina egli assoggetta la natura dei suoi paesaggi con i suoi geometrici "giardini alla francese", trionfo della linea retta, del rettilineo e della simmetria? Come le glaciali omelie e inquietanti preghiere funebri del vescovo predicatore di Meaux, Jacques-Bénigne Bossuet (Digione, notte tra il 27 e il 28 settembre 1627) segnate dalla sua triplice congiunzione Sole-Mercurio-Saturno.

Attira l'attenzione l'interessante opera *The Anatomy of Melancholy* (1621) del teologo e "pastore di anime" Robert Burton (Lindley Hall, 8/2/1577 alle 8:55 secondo lui stesso) che dedica tutta la sua vita a comprendere la propria melanconia, con il suo Saturno culminante in Capricorno. Intendeva "calmare" il suo animo scrivendo: "Scrivo della melanconia per evitare la melanconia." Una ideale autoterapia con l'illuminazione della sua notte interiore e con ricerche [di rimedi] anti melanconia. Il prezioso amico e collaboratore Enzo Barillà ne ha fatto un magnifico commento nel numero 143 de *l'astrologue*, come nei numeri 44 di *Ricerca '90* e 51-6 dell' *Astrological Journal*.

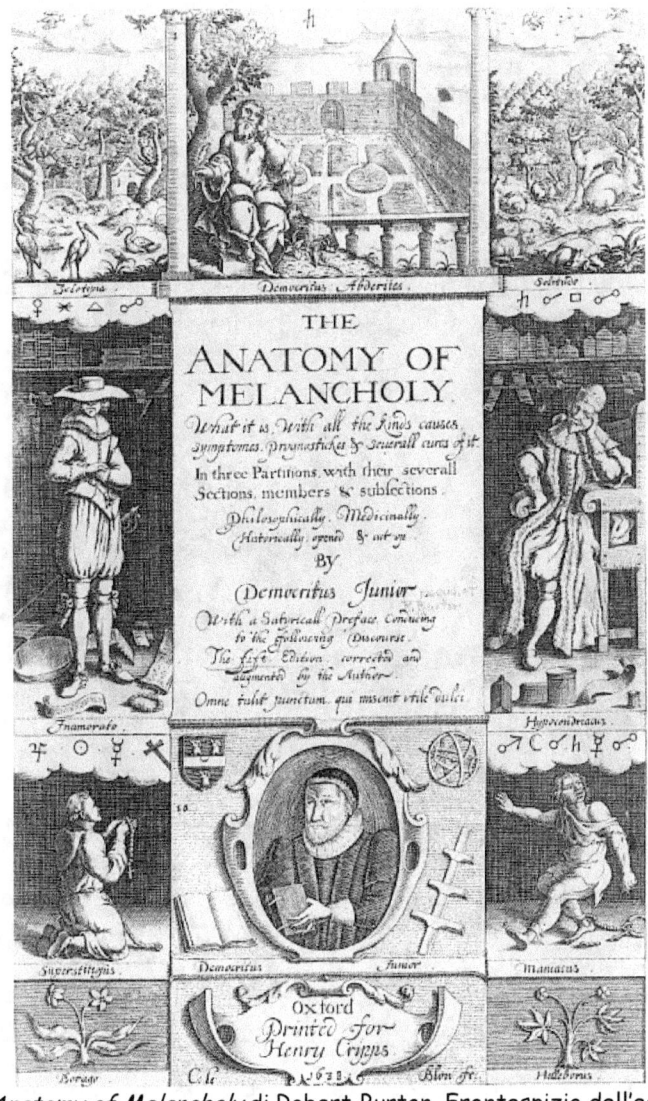

The Anatomy of Melancholy di Robert Burton. Frontespizio dell'edizione dell'edizione del 1638; l' illustrazione è di Christian le Blon

Il trio Sole-Mercurio-Venere si concentra attorno Saturno in Cancro, con una Luna in Pesci nella genitura di Jean de La Fontaine (battezzato a Château-Thierry l'8/7/1621) un devoto silenzioso che portava un cilicio per penitenza. Dal suo segno zodiacale proviene il gusto della madre natura, origine rurale della campagna, che lo rende il pittore animalista degli animali dei boschi e dei campi, travestiti da esseri umani per incarnare nelle sue favole le loro miserabili inclinazioni, con l'umanità che regredisce al mondo animale in una visione pessimista del mondo e degli uomini.

Saturno e i suoi figli. Incisione di Hermann Müller, secondo Martin van Heemskerck, XVI sec.
«Saturno il falcifero adotta i geometri, i poeti, e quelli che non hanno un pollice di buon senso»

Cartesio (La Haye vicino a Tours, 31/3/1596. Si rifiutò di fornire l'ora di nascita per "avversione ai facitori d'oroscopi, al cui errore sembriamo contribuire quando si pubblica il giorno di nascita di qualcuno"), ma il suo Saturno in Vergine non dovrebbe mancare d'essere al meridiano, poiché nascendo perse la madre, della qual cosa ne parlò tanto. Se la repressione di questo duo di secca e fredda strettezza confina Calvino alla macerazione della severità morale, la sua colpisce per necessità di pensiero allo stesso modo in cui questo rigore di Saturno-Vergine sfocerà nella applicazioni pratiche del sapere tecnico: l'*Enciclopedia* dei mestieri e delle arti meccaniche di Diderot, indi, regno dell'analisi, la creazione dei sistemi di misura (chilometro, termometro, barometro... con la nascita della chimica di Lavoisier...). Con lui, niente di più quadrato del suo *Discorso sul metodo* (1637) di uno scetticismo sistematico che raccomanda gli argomenti della ragione, fino al punto di simbolizzare il Razionalismo, oggi degenerato in costipazione mentale. Esso rappresenta il nuovo paradigma di una congiunzione Sole-Giove-Urano-Plutone in Ariete: "Per raggiungere la verità, occorre una volta nella vita liberarsi di tutte le opinioni ricevute, e ricostruire nuovamente e dalle fondamenta i sistemi delle proprie conoscenze." Che aspettano i nostri avversari dell'Unione razionalista per fare lo stesso con l'astrologia? Il *Cogito*: "Penso, dunque sono", è infine la sofferente identificazione di una lacuna profonda poiché, se sono a partire da ciò che penso, non sono altro che un essere pensante, e con ciò s'estingue la luce del razionalismo.

Un Saturno in Scorpione al MC, in sestile all'Asc. in Capricorno e in trigono al Sole (oltre a una congiunzione Marte-Giove appena uscita dalla culminazione): ecco la segnatura di Mazzarino nato in Italia a Pescina il 14 luglio 1602 verso le 19:00, versione degli astrologi dell'epoca; il soggetto ne contava uno in famiglia. Il successore di Richelieu è un ambizioso passionale freddo, dalle decisioni incrollabili, in grado di resistere alle situazioni più critiche e il cui solido autocontrollo ha retto grazie al suo motto: "Io e il tempo", regolando da abile manovratore i grandi affari internazionali ed essendosi dedicato, per due decenni, al genio dell'alta diplomazia.

La massima lapidaria, col suo stile spoglio di orpelli, non è forse in sé una pura espressione saturnina? A maggior ragione lo è l'esercizio di questa arte, santificata da François de La Rochefoucault – con un Saturno governatore dell'Asc. in opposizione al Sole in Vergine – (Parigi, 15/9/1613 alle 14:30, secondo le sue opere) dal momento che le sue sentenze morali lo portano all'amarezza di riflessioni pessimiste: "Il male che facciamo non ci attira tante persecuzioni e tanto odio quanto le nostre buone qualità. ... Se non avessimo difetti, non proveremmo tanto piacere a notare quelli degli altri. ... Se non avessimo orgoglio, non ci lamenteremmo di quello degli altri. ... Per la maggior parte degli uomini l'amore della giustizia è soltanto paura di patire l'ingiustizia. ... Il silenzio è il partito più sicuro di chi diffida di sé stesso." Ecc.

Saturno passa al MC, in quadratura all'Asc. e a Mercurio in Vergine, segno occupato dal Sole all'atto della nascita di Colbert, avvenuta a Reims il 29 agosto 1619 alle 7:00; versione di Boulliau, astronomo dell'epoca, risalente al diario del padre (fonte: Gerard Laffont). Configurazione specifica del successore di Mazzarino, grande servitore dello Stato di Luigi XIV. Volto accigliato, occhi incavati, sopraccigli folti e neri, espressione austera, atteggiamento glaciale, uomo di marmo tanto severo verso sé stesso che con gli altri, e tanto assiduo quanto infaticabile sul lavoro. Virtù di un complesso anale caratteristico di Ministro delle finanze che spreme il suo ambiente: è in veste di Controllore generale delle finanze, che fa sputare il maltolto alla nobiltà, e che edificherà la fortuna dello Stato, grandezza del regno del Re Sole.

Impossibile trascurare il capricorniano Molière (battezzato a Parigi il 15/1/1622, che Béatrice Dussane fa nascere di mattina) con il Sole e Mercurio nel segno di fronte a Saturno, che mette la risata al servizio delle virtù saturnine sbeffeggiando fino alla farsa i suoi personaggi della commedia umana, da Sganarello a Scapino e tanti altri, passando per l'ipocrita Tartufo, l'atrabiliare misantropo Alceste e l'immortale avaro Arpagone.

Saturno. Xilografia tratta dal Calendario dei Pastori

I biografi sono concordi nel far nascere Cristina di Svezia a Stoccolma l'8/18 dicembre 1626 verso la mezzanotte, quando Saturno in Vergine all'Asc. forma una quadratura con la congiunzione Sole-Luna al FC, e guarda Venere con aspetto dissonante, con l'accompagnamento di una congiunzione Marte-Giove in Scorpione. Ecco la configurazione d'insieme di questa regina androgina che, avendo brillantemente onorato il trono per un decennio, depone *sua sponte* la corona a 28 anni, ebbra di libertà da passionale frenetica, mentre morrà solo a 63 anni. Abbandonata alla nascita da una madre che aveva sperato di avere un maschio, poi orfana di un padre adorato che muore quando lei ha 6 anni, questa doppia frustrazione la fa affermare che in lei c'è "qualche cosa di inappagato e inappagabile" "un vulcano sotto dieci piedi di neve". Da lì [proviene] questa amazzone vagabonda, stravagante, scandalosa, eppur solitaria, che lotta non senza pena per contenere la sua terribile e profonda depressione.

La congiunzione Sole-Saturno a inizio Sagittario di Baruch Spinoza (Amsterdam, 24/11/1632) conviene a questo filosofo indipendente e solitario, il cui sistema è un canto di gloria a Dio, espresso dall'unità del mondo e dalla facoltà dell'uomo di costruirsi la propria libertà.

Peccato che manchi l'ora di nascita di Françoise d'Aubigné, marchesa di Maintenon, che s'è dichiarata "venuta al mondo il 26 o 27 novembre 1635 nella prigione di Niort nel Poitou" (di notte), tanto questa signora incarna in modo stretto i valori saturnini classici. Dovrebbe essere al passaggio della Luna in opposizione all'astro da poco entrato in Capricorno, congiunto a Mercurio. Dotata delle virtù dell'onorabilità, sangue freddo, gravità severa, come pure dei suoi difetti: pudibonda, rigida, melanconica... È peraltro, ciò non ostante, detentrice di una bella congiunzione Sole-

Venere in Sagittario in aspetto con Giove, ciò che le valse i favori amorosi di Luigi XIV. Quando costui si dirige dalla congiunzione Luna-Venere in Leone verso il suo Saturno in Acquario (a questa opposto) – esaurite le scandalose stravaganze del regno del Re Sole e con le grandi prove in arrivo – il monarca mette la testa a posto. Ciò riceve la seguente risposta saturnina: "Di Luigi amavo il re più che l'uomo". Il sovrano acquisisce solidità morale presso la sposa, diventata durante una trentina d'anni "l'ombra di questo eroe".

L'orrore tragico del teatro di Jean Racine (battezzato a La Ferté-Milon il 22/12/1639), è in accordo con un Sole in Capricorno in doppio semiquadrato con una quadratura di Marte in Scorpione (Luna inclusa) con Saturno in Acquario. L'orfano di madre a 2 anni e di padre a 4, formatosi a Port-Royal[14], si riallaccia alle tragedie greche e romane in cui si uniscono furiosamente l'efferatezza alla bellezza e all'amore. Il discorso di Racine è quello di una messa in scena tragica del suo stesso cuore violento, crudeltà dove pesa un'ossessiva presenza della fatalità.

Nato a Parigi nella notte dal 15 al 16 gennaio 1675, accompagnato da Venere in Acquario e Mercurio in Capricorno, una quadratura Sole-Saturno tra Capricorno e Ariete potrebbe proprio passare sugli angoli [del cielo] all'atto della nascita del duca di Saint-Simon[15], pari di Francia e personaggio della corte di Versailles sotto Luigi XIV. Spirito amaro (secondo Nisard), un virtuoso per disgusto (secondo Lamartine), questo autentico saturniano invecchiato prima del tempo è un uomo molto deluso nelle sue ambizioni di cortigiano, tanto che prende la strada del ritiro dal servizio. Da attore, si fa spettatore a distanza con sguardo critico di quanto è accaduto nella Corte, ispirato tanto dai suoi pregiudizi di casta quanto dalla fredda lucidità di giudizio, nell'esercizio stilistico della letteratura della sua epoca.

In mancanza dell'ora di nascita, non possiamo catalogarlo come tale, ma Jean-Philippe Rameau è non di meno un bel saturniano (battezzato a Digione il 25/9/1683 alle 16:00): questo gran rinsecchito, secco sia moralmente che fisicamente, intransigente, insensibile, triste, solitario, e per di più avaro: Per lui la musica è tutta la sua vita, oltre al fatto che si decide a comporre le sue opere solo a 50 anni, e più invecchia e più s'afferma il suo genio esigente. Di mentalità cartesiana, la ragione lo spinge a teorizzare la musica, fino al punto di fondare il suo *Traité de l'harmonie réduite à ses moyens naturels*. E, fiero della sua lucidità musicale, quest'essere timido diventa il più grande compositore francese del XVIII secolo e apre la via alla musica a programma.

"Nacqui infermo e malato e costai la vita a mia madre". Con una quadratura Luna-Saturno e la madre morta cinque settimane dopo la sua nascita, il cancerino Jean-Jacques Rousseau (Ginevra, 28/6/1712) ne porta il segno, amplificata da una congiunzione Luna-Nettuno: il ritorno a Madre Natura, l'uomo delle *Confessioni*, de *Le fantasticherie di un passeggiatore solitario...* Ma la caduta è poco lontana con l'abbandono all'Assistenza pubblica dei cinque figli di questo cancerino, malvagità di Crono. Oltre al fatto che questo ideologo del *Contratto sociale*, apostolo della democrazia ritiratosi dalla società (quadratura Saturno-Nettuno), posseduto da un senso di persecuzione, vive come una vittima arroccata contro il mondo. Si ricorderà la seguente riflessione dell'*Emilio*: "Invano si cerca la propria felicità lontano quando si trascura di coltivarla in sé stessi".

Tocca a Marte il conquistatore, col suo eccesso di aggressività, di fare la parte del carnefice, quanto a un Saturno afflitto di atteggiarsi a vittima e, se la dissonanza si manifesta nella sfera affettiva, entriamo nel terreno del sadomasochismo. Non stupisce d'imbattersi in una quadratura Marte-Saturno sia in Sacher-Masoch (Lemberg, Galizia[16], 29/1/1836, probabilmente di mattina. Il padre fu informato della nascita mentre si faceva radere dal barbiere) che nel marchese de Sade (Parigi, 2/6/1740). Mentre, nel primo, Saturno (che si trova nelle viscere dello Scorpione, dove la sessualità rischia d'essere maltrattata) subisce per quadratura l'aggressione di una congiunzione Sole-Marte-Nettuno e la Luna forma una sesquiquadratura alla quadratura Sole-Saturno (il piacere di farsi umiliare e annullare nell'amore); nel secondo è un martellante Marte in Ariete che sconvolge una vulnerabile congiunzione Venere-Saturno in Cancro, oltre alla congiunzione Sole-Giove in Gemelli (che potrebbe benissimo trovarsi in VIII, esaltando l'erotismo, con un Asc. in Scorpione occupato da Plutone) in doppia semiquadratura a una quadratura Venere-Marte! Qui l'erotizzazione del dolore ha, è vero, il suo rovescio punitivo con la sanzione della prigionia e poi di una vita finita all'ospedale. In materia di crudeltà che conduce sulla via del male, se Racine sublimò la sua quadratura Marte-Saturno nella finzione del teatro, purtroppo si vedrà ciò ne ha fatto Hitler.

Il solare Johann Wolfgang Goethe (Francoforte sul Meno, 28/8/1749 al rintocco di mezzogiorno, secondo lui stesso) porta bene la segnatura di un Saturno in Scorpione all'Asc. con *I dolori del giovane Werther* spinto al suicidio, e il suo *Faust* in cui muore Margherita. Ma in silenzio regna anche – di fronte a un apollineo Sole culminante in Vergine – una Luna in Pesci al FC, dove la medesima segnatura saturnina si esprime nell'opera enigmatica dell'ermetismo goethiano. Esoterismo percepito nel *Serpente verde* e *La nuova melusina* in una filosofia della natura d'ispirazione teosofica sull'uomo e l'universo.

Nato sotto una congiunzione Saturno-Nettuno vicina al Sole, il pittore tormentato Kaspar David Friedrich (Greifswald, 5/9/1774) demanda gli stati d'animo ai suoi paesaggi, impregnati di melanconia: natura spoglia, sinistra, alberi solitari, montagne rocciose, rovine... Così, in un clima di romanticismo tedesco, annerisce con i suoi pennelli un dolore universale.

François-René de Chateaubriand (Saint-Malo, 4/9/1768 alle 0:30, archivi di famiglia, Christophe de Cène). Uomo ispirato alla grande evasione da una congiunzione Sole-Venere-Nettuno in III che spinge questo "figlio del mare" verso lontani orizzonti, sia da emigrato esiliato che da romantico. Ma René mostra subito un Saturno all'Asc. in Cancro che va a generare una lignaggio di eroi solitari e desolati come lui. Bel tenebroso che trascina la sua dolorosa figura e il suo malessere esistenziale nella scrittura, dedito all'"onda delle passioni" nell'abisso dei suoi pensieri, al tormento di un "dandismo disgraziato" (Baudelaire). Oltre a "un arretramento dell'anima davanti all'oggetto stesso del suo desiderio" dove "le passioni senza oggetto si consumano da sole dentro un cuore solitario", che lo rendono un René taciturno, impotente, esangue. Uscirà da questa reclusione con le sue *Memorie d'oltretomba* e abbracciando il suo *Genio del cristianesimo*.

Il solo nome di Carl Maria von Weber (Eutin, 18/11/1786 alle 22:30, annotazione manoscritta del nonno) risveglia subito tutto un mondo notturno popolato di cavalcate fantastiche, di fate, folletti, il che si confà bene a questo bambino prodigio nato mentre la Luna in Scorpione (segno occupato da una congiunzione Sole-Marte) passa al FC, musicista drammatico delle leggende, nel lirismo romantico di un'anima immersa nella natura. E pure nel cuore della magia con la storia del cacciatore che, per assicurarsi la vittoria in una gara di tiro, il cui premio è una bella fanciulla, chiede al demonio delle palle infallibili (*Der Freischütz*). Mondo tuttavia di un saturniano (l'astro passa al Disc., in quadratura alla Luna), nato gracile, mingherlino, impotente, cantore dei successi bellici troppo pesanti per le sue fragili spalle. Ritorno finale a Saturno: minato dalla tisi, muore a 40 anni.

Pur essendo un quadruplice Acquario reso bambino prodigio da una Luna nel domicilio di Giove al FC, Wolfgang Amadeus Mozart (Salisburgo, 27/1/1756 alle 20:00 come da dichiarazione del padre; fonte: Wilhelm Knappich) è ciò non di meno portatore di una forte segnatura saturnina poiché l'astro canalizza una congiunzione con il Sole e Mercurio signore dell'Asc., segnatura in stile acquariano dal celeste distacco. Soprattutto i brani facili del piccolo Mozart che si pretende essere leggeri (il sublime messo a portata di mano). Ma nulla è più profondo della purezza della sua musica, tanto semplice quanto lo è il naturale sorgere del Sole e tanto incantevole quanto un bacio d'amore. Qui, spirituale nel doppio senso della parola, il musicista *è* la musica e tutto ciò che tocca lo diviene. Il che non gli ha impedito di vivere una vita costantemente difficile fino alla fine, malgrado che amasse ridere e che si divertisse per un nonnulla, sebbene nella sua musica così giovane e fresca si senta il battito d'ali dell'angelo della morte. Ecco che cosa scriveva a suo padre all'età di 29 anni: "Poiché la morte è il vero scopo della nostra vita, da qualche anno mi sono talmente familiarizzato con questa veritiera e perfetta amica al punto che la sua immagine non solo non ha più niente di spaventoso per me, ma mi è molto rassicurante, molto consolante. E quindi niente può dire che io sia triste o pessimista nelle mie conversazioni. Tutti i giorni ringrazio il mio Creatore per questa felicità..." (la Luna era anche congiunta a Plutone). Serenità esemplare di saturniano dell'Acquario, altrettanto trasparente e limpida della sua musica, avendo vissuto solo 35 anni, un creativo che ha lasciato non meno di seicento opere.

Difficilmente si può essere un miglior saturniano con l'astro congiunto al Sole e a Mercurio appena uscito dalla culminazione e in opposizione alla Luna signora dell'Asc.; è questo il caso di Arthur Schopenhauer nato a Danzica il 22 febbraio 1788 tra le 12 e le 14 (ricordo del padre). A 6 anni è convinto che i genitori vogliano abbandonarlo ed è già un bambino triste. "Sin dalla più giovane età sono sempre stato melanconico". E così lo dipingerà Nietzsche: "Il disperato solitario non saprebbe scegliersi miglior simbolo del Cavaliere affiancato dalla Morte e dal Diavolo, come l'ha inciso Dürer, con il Cavaliere in corazza dal duro sguardo d'acciaio che segue la sua strada spaventosa, indifferente ai suoi orribili compagni, ma senza speranza, solo, tra il suo cavallo e il suo cane. Il nostro Schopenhauer era quel Cavaliere di Dürer." La filosofia del suo pessimismo integrale: il puro distacco e la vera rinuncia al mondo nell'estinzione del desiderio di vivere.

Che Franz Schubert (Himmelpfortgrund[17], 31/1/1797 alle 13:30, annali della casa paterna; fonte: Wilhelm Knappich) con l'Asc. in Cancro e la Luna fiorita per via della congiunzione a Giove in Pesci in X, sia un autentico musicista lunare, tutto lo testimonia: dal suo personaggio fisico e morale, passando per l'abbandono lirico, ingenuo, e profondo del suo genio in cui si fondono poesia e musica che scorrono con naturalezza dalla fonte. È l'anima in stato di pace contemplativa nel seno della natura che partecipa all'innocenza del cuore. Ma la nota saturnina è tuttavia là in sordina – l'astro è appena sorto, in quadratura alla Luna – presente nella sua *Serenata* e nei *Lieder* (in cui con commovente ingenuità passa dal sorriso alle lacrime) impregnati di tristezza o colorati di una rassegnata nostalgia. Come se, premonizione del

Viaggio d'inverno, la sua giovinezza avesse già presentito la morte, sopravvenuta alla trentina.

Saturno è in prima fila in Giacomo Leopardi (Recanati, 29/6/1798 alle 19:30, atto di battesimo) poiché, signore dell'Asc. e della Luna che sorge in Capricorno, esso stesso tramonta in congiunzione al Sole in Cancro. Debole di salute ma con un'immensa sete di vivere, sin dall'infanzia sprofonda in una profonda solitudine, accanendosi in studi "folli e disperati"; è semi infermo già a 20 anni, e completamente deluso dall'amore. Come non poteva diventare, giovanissimo, il poeta delle speranze svanite, dove "tutto è vanità, fuorché il dolore", e l'uomo non è nulla di fronte all'indifferenza della natura?

Io sono il tenebroso, il vedovo, lo sconsolato,
Il principe d'Aquitania dalla torre abolita:
L'unica mia stella è morta, e il mio liuto costellato
Porta il Sole nero della Melanconia.

Nel momento della nascita di Gérard de Nerval (Parigi, 22/5/1808 alle 20:00, anagrafe), un cielo come tagliato in due per contrapposizione di un insieme astrale tra alba e tramonto, di cui fanno parte Saturno in Scorpione e la Luna. Mentre la madre appena vista segue il padre con le armate napoleoniche e muore quando lui ha due anni. Così si suggella il destino di un solitario sognatore, ben presto addirittura visionario, che passa dalla sfrenata esaltazione all'ossessione del suicidio. E nella sua opera esoterica i temi estatici si uniscono ai temi della melanconia e della morte. Mentre, precipitato nella follia, sdoppiandosi, la vede in faccia, in modo da trascrivere "il travaso del sogno nella vita reale". A guisa di esploratore mistico, parte verso l'Oriente, abitato dal tropismo del richiamo occulto della madre nella tomba in Germania.

Ossessionato per di più dall'amata Jenny Colon, anch'essa deceduta, come pure da Sylvie Dawer, la sua prima incarnazione del mito femminile. E sono loro che vorrà raggiungere dandosi la morte per impiccagione a 46 anni.

"Ho potuto amare solo dove la Morte mescolava il suo soffio a quello della Bellezza." Certo, in Edgar Allan Poe (Boston, 19/1/1809 alle 2:00, secondo le biografie) Plutone è congiunto a Luna e Venere in IV, il che basta a capire la risonanza dentro di lui dello choc del decesso della madre a cui assiste all'età di due anni: da ciò la ripetizione degli amori luttuosi. Ciò che non impedisce al Saturno in procinto di sorgere di questo capricorniano di operare in quadratura al MC, incupendo la vita di questo orfano inconsolabile, poeta indimenticabile per chi lo frequenta, il cui destino lo precipita nell'alcol e nella miseria più nera, prima di suicidarsi una sera in un ruscello di Baltimora.

Una tripla opposizione della Luna a una congiunzione Sole-Mercurio-Saturno signore dell'Asc. in procinto di culminare opprime Alfred de Musset (Parigi, 11/12/1810 alle 11:00, anagrafe) che s'inventa un personaggio di dandy con il brio di Fantasio (Luna-Gemelli) e che, ben presto, diventa un viveur. Profondamente scosso a 21 anni dal decesso di suo padre, scopre il vuoto della propria esistenza e prende coscienza dell'oziosità di giovane debosciato alcolizzato; il più cupo dei romantici francesi non tarda a cadere nel degrado. In un momento di disillusione, si dichiarò "venuto troppo tardi in un mondo troppo vecchio" dove "tutto ciò che era, non è più" e "tutto ciò che sarà non lo è ancora". Colpisce in particolare il contrasto della doppia personalità della [tripla] opposizione, segnatamente con Celio e Ottavio dei *Capricci di Marianna*, uno essendo "felice d'esser folle", dietro a chi è "folle di non essere felice". Lui stesso che confessa: "C'era in me pressoché costantemente un uomo che rideva e uno che piangeva. Le mie stesse spiritosaggini mi facevano talvolta una pena estrema, e le mie profonde tristezze mi inducevano l'invidia di scoppiare a ridere." E il ciclo delle sue *Notti* è una serie di poemi a due voci, la Musa e il poeta. Ma che poteva la sua Luna contro Saturno? Dopo l'amarezza e l'infelicità del suo destino amoroso con Gorge Sand, si lascerà scivolare in una sorta d'abiezione prima di scomparire a 46 anni.

Charles Baudelaire (Parigi, 9/4/1821 alle 15:00, anagrafe), con la congiunzione Sole-Saturno in Ariete in quadratura alla Luna in Cancro, questo "bilio-nervoso" si potrebbe riassumere con questo poema dei suoi *Fiori del male*[18]:

Tutto l'inverno sta rientrando nel mio essere: collera,
odio, fremito, orrore, lavoro duro e forzato
e, con il sole nel suo inferno polare
il mio cuore sarà solo un blocco rosso e gelato.

Il decesso del padre a 7 anni, seguito dal matrimonio della sua adorata madre con un patrigno che egli detesta, l'invio in collegio, ecco lo choc di un paradiso perduto, "voragine oscura in cui è caduto il suo cuore", che cristallizza il suo destino. Una caduta sullo sfondo di un assembramento di sei pianeti in VIII, morbosità di un autentico "cimitero interiore" (Guy Michaud), fino all'ossessione mistica. Sconvolgimento che lo sprofonda nel vuoto, nella solitudine, nella melanconia. Ma con la rivolta del suo iper Ariete dalla congiunzione Mercurio-Marte-Plutone che passa dall'estasi all'orrore di vivere, dalla purezza del fiore alla fascinazione del male. Avventuriero dell'infelicità questo "poeta maledetto" non poco geniale fa cantare il suo cimitero in un balletto di spettri della morte che l'ossessionano. Fino al punto dell'autodistruzione per via di una sifilide cerebrale che l'annienta prima della sua scomparsa a 46 anni. È un'immagine di scheletro arboreo tratto da una danza macabra del XVI secolo che inizialmente illustra il frontespizio dei *Fiori del male*, come se fossero scritti con la punta acuminata di un bulino.

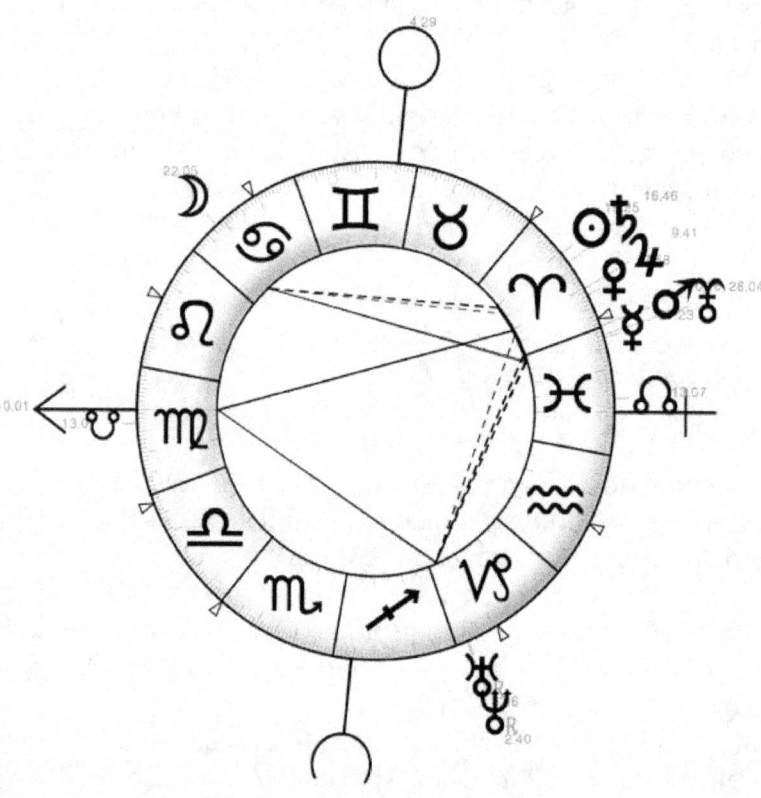

Charles Baudelaire nato a Parigi il 9/4/1821 alle 15:00 (carta del cielo eretta con AstroQuick 7)

Nata a Monaco di Baviera il 24/12/1837 alle 22:43 secondo il Bayerisches Hausarchiv (fonte: Wilhelm Knappich), con il nomignolo familiare di Sissi, Elisabetta d'Austria porta le stigmate di un Saturno infernale: l'astro, attivato da un trio Sole-Mercurio-Marte in Capricorno, è in stretta congiunzione con la Luna in Scorpione, in quadratura a Venere, e rinforzato da una quadratura di Plutone alla congiunzione Mercurio-Marte. Il suo doloroso destino è noto. Identificazione a una madre negativa? Resta il fatto che la notte di nozze della pura futura imperatrice sedicenne appena sposata al principe austro ungarico decide sulla sua sorte legando la frigidità alla "nevrastenia". Ingresso nel mondo della nevrosi: su uno sfondo di tristezza, noia, oppressione, angoscia, vertigini, insonnia, malesseri, ossessioni di mortali premonizioni... "Che importano gli scettri, le corone e i mantelli di porpora? Non sono che stracci insignificanti, ridicole frivolezze ... So che sono diretta verso una meta spaventosa assegnatami dal Destino ... La vita è per me un supplizio, un inferno ... Ahimè, chi me ne libererà?" La distillazione del male oscuro nel corso delle sue luttuose giornate non sarebbe ancora stato sufficiente poiché, oltre alla perdita dei suoi, sarebbe perita a 60 anni, per una pugnalata vibrata da un anarchico [mentalmente] disturbato.

Il 19/1/1839 alle ore 1:00, in Aix-en-Provence, mentre nasce Paul Cézanne, una congiunzione Sole-Venere in segni saturnini s'allontana dal FC, lancia una quadratura all'Asc., un sestile a Saturno, il quale a sua volta invia un trigono al MC. Mercurio in Capricorno forma anche un sestile all'Asc. in Scorpione. Si conosce questo pittore tormentato, solitario, selvaggio, oscuro, e lo si conosce come pittore meditativo, che passa la vita non smettendo mai di ricercarsi. E, soprattutto, il pittore della disciplina, del distacco, della distanza e delle profondità, che si prende tutto il tempo necessario, per alla fine disvelarsi. "Per dipingere bene un paesaggio, devo prima scoprire le assise geologiche." Un quadro è quindi per lui un'opera a largo respiro; la sua verità nascosta nelle profondità dell'essere richiede tempo, la sua pittura è il frutto di una meditazione senza fine, e può impiegare mesi e anni a ritoccare lo stesso quadro. Arriva perfino a dare qualche consistenza ai fluidi, alle brume, ai vapori, alle cose più mobili, con tutto che tende ad avviarsi verso un'architettura cristallizzata, fino all'amore di una sintassi rigorosa, al punto da desiderare di "trattare la natura tramite il cilindro, la sfera, il cono, tutti messi in prospettiva."

In Stéphane Mallarmé (Parigi, 18/3/1842 alle 7:00, anagrafe) l'enigmatico clima Pesci-XII si carica di un Saturno in Capricorno al MC: uomo timido dal ritegno aristocratico portato verso l'ascesi, forse riconducibile alla perdita della madre a 5 anni. Approdato alla scrittura, dove "le parole gocciolano, formando lentamente le stalattiti di una poesia miracolosa" (Thibaudet), si assume ben presto, come un eremita, la missione di poeta esoterico come un sacerdozio. Meditando e rinunciando, nel gusto dell'assoluto, si tratta di raggiungere ambiziosamente una cima, mirando "ai più puri ghiacciai dell'estetica" e percepita come la perfezione di un'opera spirituale dagli intenti metafisici: la grande comunione simbolica con l'universo. In questa ascensione interiore, la conquista inciampa nell'impotenza, la sterilità della pagina bianca, in una solitudine ghiacciata come nel vuoto di una prigione interiore; profonda depressione di un essere "malato di idealità", perduto in una "spaventosa sensazione d'eternità", suicidio morale percepito, come se in lui ci fosse il fantasma di Amleto.

Ora, i nati sotto il segno di Saturno
Fulvo pianeta, caro ai negromanti,
Hanno tra tutti, secondo le antiche formule,
Una buona dose di sventura e di bile...

[...]
Così devon soffrire i saturniani...
[...]
Poiché il corso della loro vita è disegnato
Linea per linea dalla logica di un influsso maligno.

L'autore di queste "Poesie saturnine" (così vicine a quelle di Baudelaire, affinità di compleanni vicini) è Paul Verlaine (Metz, 30/3/1844 alle 21:00, anagrafe) il cui Saturno, uscito dal nadir, si trova in piena quadratura all'Asc. in Scorpione. Esso intacca la configurazione di una culminante e luminosa Luna in Leone, che fronteggia un Nettuno nelle profondità del FC, opposizione che forma una doppia quadratura alla congiunzione Venere-Marte. Natura di bambino coccolato, vezzeggiato, non ancora uscito dal seno materno, privo di difesa verso le sollecitazioni istintuali che lo conducono – per via di abusi e disordini, abbandoni e rinunce – alla miseria e alla totale decadenza. Fiore di letamaio: provenienti dalla sua musica interiore, non di meno sono unici i canti verlaniani dagli accenti affascinanti e strazianti.

Una Luna al FC di fronte a Saturno-Nettuno al MC, in quadratura all'Asc., e il Sole congiunto a Urano e Plutone, caratterizzano il tema di Isidore Ducasse detto Lautreamont (Montevideo, 4/4/1846 alle 9:00, fonte non identificata), indubbiamente assai provato dalla morte della madre quando aveva due anni. Poeta enigmatico e misterioso scomparso a 24 anni, autore dei *Canti di Maldoror*, pittore delle "delizie della crudeltà" con abbondanti mostruosità, opera all'arsenico indirizzata agli amanti del vetriolo, fino all' "Onnipotente" degradato al livello di un ragno gigantesco...

Oscar Wilde (Dublino, 16/10/1854 verso le 2:30, versione comunemente accettata ma di fonte non identificata) è un dandy nell'anima che esalta, da esteta luni-venusiano, la piena libertà di vivere, una po' provocatoria se non decadente. Questo meraviglioso letterato si sarebbe scontrato con un'Inghilterra pudibonda... La sua omosessualità gli frutta un processo all'età di trent'anni con due anni di lavori forzati dai quali uscirà spezzato e rovinato, al punto di terminare i suoi giorni in una tragica solitudine. Una caduta che si può supporre inconsapevolmente autopunitiva per la trascorsa magnificenza, chiaramente imputabile al suo Saturno al MC in quadratura a Nettuno in VII.

Nata a Varsavia il 7/11/1867, Marie Curie ha Saturno in Scorpione congiunto al Sole, Mercurio e Marte, il tutto culminante, secondo l'atto di battesimo che ne preciserebbe la nascita a mezzogiorno. Segnatura eloquente per la prima donna al mondo dottore in scienze e per di più coronata due volte Premio Nobel delle scienze nel 1903 e 1911! Viso dal colorito smorto, natura triste e chiusa, irriducibile, inaccessibile, intransigente, avrebbe vissuto molto male la sua gloria, fino a rinchiudersi. La sua ragione di vivere è la passione della ricerca, e nulla simbolizza meglio la congiunzione Sole-Saturno in Scorpione della scoperta, insieme al marito, del radium. Forza invisibile, misteriosa, di una radioattività che guarirà il cancro ma, non conoscendo ancora il pericolo, distruggerà anche le cellule sane dell'organismo. Doveva subire questo attacco suo malgrado, morendo di anemia perniciosa nel 1934, vittima saturnina del veleno scorpionico.

Sulla lacerazione di quadrature ai quattro angoli del cielo, Manuel de Falla (Cadice, 23/11/1876 alle 5:00, anagrafe) presenta l'attraversamento di Saturno in Pesci al FC, congiunto alla Luna e in quadratura al Sole, ma anche opposto a Urano culminante e in quadratura a Plutone al Disc. Saturniano, lo è già come bambino silenzioso, taciturno, solitario, che si rifugia nelle immagini di leggendarie epopee, alla ricerca di accompagnamenti musicali folcloristici (Luna-FC) d'origine popolare Andalusa. Bloccato da un terribile Super Io – meticolosità, mania di perfezione, austerità arida, spaventosa - sprofonda in un ascetismo totale in cui viene soffocato dall'ossessione della colpa fino all'esaurimento. Tuttavia l'estrema tensione del suo fuoco interiore da Urano in Leone scoppia con *El amor brujo, Noches en los jardines de España*. Quanto a *La vida breve*, mettendo in scena un'orfanella abbandonata, questa è riconducibile alla congiunzione al FC.

Se qualcuno avesse potuto marchiarsi Lunare-Saturniano o Saturno-Lunare, è proprio Jules Laforgue (Montevideo, 16/8/1860) in cui la congiunzione di questi pianeti s'unisce al Sole nascente. Lui che, prima di morire tisico a 27 anni, s'è detto "ebbro di aver bevuto tutto l'universo." Pozione di un freddo destino di miserabile solitario, che la disperazione porta a pubblicare *Le sanglot de la Terre*, tentativo d'esorcizzazione del dolore di vivere attraverso "l'universale sospiro della Terra". Ricordiamo soprattutto i *Complaintes* di questo lunare Pierrot disilluso affezionato alla melanconia poetica, dai singulti inframmezzati da sogghigni e da smorfie, un po' posseduto dal fantasma di Amleto.

Eloquente illustrazione astrale quella dell'autore di *Alla ricerca del tempo perduto*, Marcel Proust (Parigi, 10/7/1871 alle 23:30, anagrafe), in cui culmina Saturno in Capricorno, che fronteggia una quadruplice congiunzione in Cancro-IV, mentre sorge la Luna in compagnia di Nettuno. Bambino fragile, soggetto a crisi asmatiche, il suo mondo si condensa sulla famiglia, soprattutto sua madre: "Il colmo dell'infelicità: essere separato dalla mamma!" Trascorso un periodo di tempo nelle mondanità parigine, quando lei muore, Marcel si isola in camera sua con le tende chiuse. Ed è in questo uovo che gli giunge il suo viaggio nel tempo. Un cammino all'incontrario sull'infanzia trascorsa, per rivivere nelle profondità dell'anima le emozioni dalla lontananza del suo essere. Discesa esplorativa dentro di sé le cui reviviscenze si fanno eco, ricongiungimento dove l'essere fa l'unità della vita psichica rivivificata.

Un poeta assassinato! Federico Garcia Lorca (Granada, Spagna, 5/6/1898 alle 23:00, anagrafe). Con l'Asc. in Acquario, un Saturno al MC opposto alla congiunzione Sole–Plutone in IV. Questo grande poeta, dal lirismo che proviene sia dai temi tradizionali del folklore andaluso che dalla poesia moderna, talvolta surrealista, meritava proprio di essere un bersaglio di morte del fuoco di franchisti immondi, nei primi giorni della guerra civile spagnola del 1936?

S'imponeva in questa sede la sua presenza: il moralista Emil Cioran nato a Racinari, Romania, l'8/4/1911, essendo purtroppo sconosciuta l'ora. E tuttavia in quel giorno c'era una congiunzione Mercurio-Saturno con l'orbita di 1° e distante 5° dall'asse dei nodi, molto probabilmente angolare, a meno che lo sia Plutone al posto suo. I titoli delle sue opere: *Sommario di decomposizione*, *Sillogismi dell'amarezza*, *La tentazione d'esistere*. La quale è piuttosto una "non certezza di vivere", con tutto che in lui proclama l'inanità del tutto, fino al punto di rimproverare un'apocalisse che si fa troppo attendere…

Accogliamo la convenzione che vuole Charlie Chaplin nato a Londra il 16/4/1889 alle 19:00, e a cui si attaglia così bene il sorgere di Urano e della Luna per questo attore di eccezionale originalità, unico nel suo genere, e di una celebrità universale che perdura. Un duo accompagnato da un Saturno culminante in Leone, messo in scena da un Sole in Ariete al tramonto. Orfano di padre a 6 anni con una madre in miseria, questo attore trascende la prova familiare in una miniera d'oro, diventando Charlot (*Il monello, Luci della città*, ecc.): vagabondo emarginato e solitario, senza fissa dimora, straccione e morto di fame che vive d'espedienti, ma che fa trionfare l'umorismo sulla miseria. Il suo tema di natività assomiglia molto a quello di Hitler, il che ci ricorda *Il Grande dittatore*, sublimazione del tragico tramite la finzione che fa da sorprendente contrasto tra i due personaggi.

Margaret Thatcher è nata a Grantham nel Lincolnshire il 13/10/1925 alle 9:00, orario preciso fornito dal suo segretario all'*Astrological Association* di Londra. Questa figlia del droghiere avrebbe beneficiato della destinica corrente ascensionale dipendente dalla corrente collettiva della culminante congiunzione Luna-Nettuno. Ma soprattutto, sarebbe stata trascinata dalla profonda potenza di un Saturno all'Asc. Scorpione, triangolato all'asse Giove-Plutone. Ossia la forza di un carattere spietato, dal temperamento di un chirurgo che si avvale di grandi mezzi. E così sarebbe stata al capezzale di quel paese malato che era la Gran Bretagna degli anni '80, per somministrargli una cura da cavallo per rimetterla in piedi. Non di meno si può percepire la sua forza di resistenza nello sbalordire i suoi interlocutori stranieri con il suo implacabile "no", fino ad acquisire la reputazione di "lady di ferro", esperta nell'arte di raggelare le conferenze internazionali.

Giunto alla fine di questo studio[19], non posso chiudere il panorama dei figli di Saturno senza ritornare al particolare rapporto intrattenuto dall'astro con il meridiano delle teste coronate e degli statisti, circostanza che stabilisce il fondamento psicologico dell'astrologia in cui tutto riposa sul rapporto di affinità elettive tra l'uomo e l'astro secondo la sue scelte o secondo le circostanze esistenziali. È così sin da quando Tolomeo afferma che Marte significa la riuscita attraverso "la fortuna delle armi", come Giove fa coloro che sono "adatti a governare gli altri", mentre Saturno opera presso quelli "che sono seri e pensano con profondità". È il temperamento che è decisivo e si sa, un Saturno al meridiano è propizio allo scienziato mentre volta la schiena all'esercizio del potere. Certo, se in tal caso un sovrano sposa le virtù saturnine insediandosi nella propria missione in modo impersonale, sfugge al pericolo, come nel caso dell'impeccabile sovrana del Regno Unito, Elisabetta II che ha Saturno, signore dell'Asc., al MC e in sestile all'Asc stesso. Ma il sovrano che se ne discosta è minacciato dal pericolo.

Nella galleria dei Presidenti degli Stati Uniti, Abraham Lincoln - a sinistra - è il più grande, il più "lungo". James Madison - al centro – (Westmoreland, Virginia, 16/3/1751) è il più piccolo, dall'aspetto più misero, mentre William

Howard Taft (Cincinnati, Ohio, 15/9/1857 alle 10:00) è il più grosso, bovide dalla massa dilatata (Giove-Toro al Disc.). Bel contrasto di fronte a un gioviale.

Fonte: : *Jupiter et Saturne*, Éditions traditionnelles

Nel mio *Astres royaux* (Le Rocher, 1995) ho verificato Saturno al MC nel tema di 197 sovrani, 49 dei quali furono detronizzati o hanno abdicato. Avendo adottato 15° d'orbita attorno al MC, c'era 1 probabilità su 12 d'imbattersi in questa posizione, e cioè una media di 4 casi: ora, si sono presentati casi 4 volte superiori: la moglie di Guglielmo II, Augusta (dissonanza che si unisce all'opposizione Sole-Saturno del Kaiser e alla congiunzione Sole-Saturno del Principe ereditario), e Luigi III di Baviera. Carlo I d'Absburgo. Leopoldo III del Belgio. Simeone II di Bulgaria. Amedeo di Savoia in Spagna. In Francia, dove il Saturno di Napoleone I sfiora il MC, Carlo X, Luigi XIX, Luigi Filippo, e Napoleone III. In Italia, Umberto II. Carlotta del Messico. In Portogallo, Pietro IV e Manuele II. In Romania, Carlo II, e per la Svezia Federico VI; Oscar II relativamente alla Norvegia. Oltre all'opposizione Sole-Saturno al meridiano dello zar Nicola II, e lo zarevic con la sua assai vicina, come pure il Saturno della zarina Alessandra... senza dimenticare le prove del potere, come Francesco I[20] che conosce il carcere spagnolo dopo la sconfitta di Pavia o Caterina de Medici che subisce il calvario delle guerre di religione... Quanto a Saturno al FC, non va certamente meglio: abdicazione di Carlo V[21], Sebastiano del Portogallo prematuramente scomparso, Carlo I d'Inghilterra decapitato, Carlo XII di Svezia detronizzato, Massimiliano del Messico fucilato e Zita d'Austria detronizzata... Ovviamente questa specie di maledizione che colpisce i sovrani si estende altrettanto agli statisti, e addirittura ai giganti dell'industria come Louis Renault, re dell'automobile, dal Saturno al MC, le cui officine di Billancourt furono ridotte in cenere dai bombardamenti anglo-americani, e i cui beni furono poi messi sotto sequestro. Incontriamo lo stesso Saturno culminante nel presidente francese Sadi-Carnot, assassinato, e il Primo ministro Pierre Laval, finito al palo della fucilazione; lo stesso per il presidente John Kennedy, assassinato, e per il Primo ministro italiano Aldo Moro. La stessa configurazione può limitarsi a interrompere il potere, come per Richard Nixon, costretto alle dimissioni, e Georges Pompidou deceduto in carica. O accontentarsi d'essere un "cattivo segnale" politico, come con

René Viviani, Presidente del consiglio all'atto della dichiarazione di guerra del 1914, ed Edouard Daladier di quella del 1939. E nulla rivela maggiormente tale potere di caduta della concentrazione di Saturno al MC in Hitler, Goering e Himmler, oltre al fatto che – congiunto al Sole e Mercurio - attraversava il MC all'atto della presa del potere del dittatore a Berlino il 30 gennaio 1933, quasi a mezzogiorno! I militari non sono d'altronde esenti da questa dissonanza, con il maresciallo Wilhelm Keitel, cagnolino militare del Führer che firmò la resa incondizionata germanica a Berlino, essendo il suo in X sull'asse dei nodi, congiunto a Nettuno-Plutone. In contraltare, il simbolo della disfatta francese del 1940 fu il generalissimo Maxime Weygand, dal Saturno in Scorpione congiunto al MC, oberato da un'opposizione di Plutone. E ancora, il disastro dell'affondamento della flotta francese a Tolone il 27 novembre 1942 (61 navi da combattimento a picco, più di 100 unità navali, il più grande disastro marittimo della storia francese) è segnato da due casi di Saturno al MC. Quello dell'ammiraglio Jean Laborde, con un Saturno in Pesci culminante che rinvia a Nettuno aggredito da un'opposizione assassina da Marte in Scorpione, con quest'ultimo che viene ritrasmesso da Plutone opposto a una congiunzione Sole-Mercurio che forma una doppia quadratura a Urano (condannato a morte, sarà graziato). Nel caso dell'ammiraglio Gabriel Auphan, Capo di Stato maggiore delle flotte navali, Saturno sfiorava il MC ricevendo l'opposizione di Marte al FC, entrambi in quadratura alla Luna in I (lavori forzati a vita, graziato) (Cfr. *Le champ de Mars*[22])

Finiamo questo viaggio con la presentazione di un caso monumentale tra i più illustri.

Capitolo 12

ADOLF HITLER

Ho già lavorato sul suo tema (Braunau am Inn, 20/4/1889 alle 18:30, anagrafe) in *Les Chefs d'Etat de la Seconde Guerre mondiale*[23]; sono già trascorsi due decenni e non è privo d'interesse raffrontare i due testi, essendo l'attuale privo di riferimenti al primo, già dimenticato, ma con l'uno e l'altro che alla fin fine si ricongiungono seppur usando espressioni differenti. Certo, al di là dell'uomo, questa guerra è fondamentalmente l'eredità collettiva di una precedente tragica guerra mondiale perduta, sovraccaricata da un disastroso trattato di pace volto a schiacciare il Paese vinto, con il colpo di grazia di una crisi economica senza precedenti che mette in ginocchio la Germania, della quale il nazismo si impadronisce. Ciò non toglie che è proprio quest'uomo giunto a un potere assoluto – e quanto, nel modo più manifesto! – che porta la responsabilità più totale d'aver fatto affondare il suo Paese trascinandolo nel caos di una guerra apocalittica e genocida.

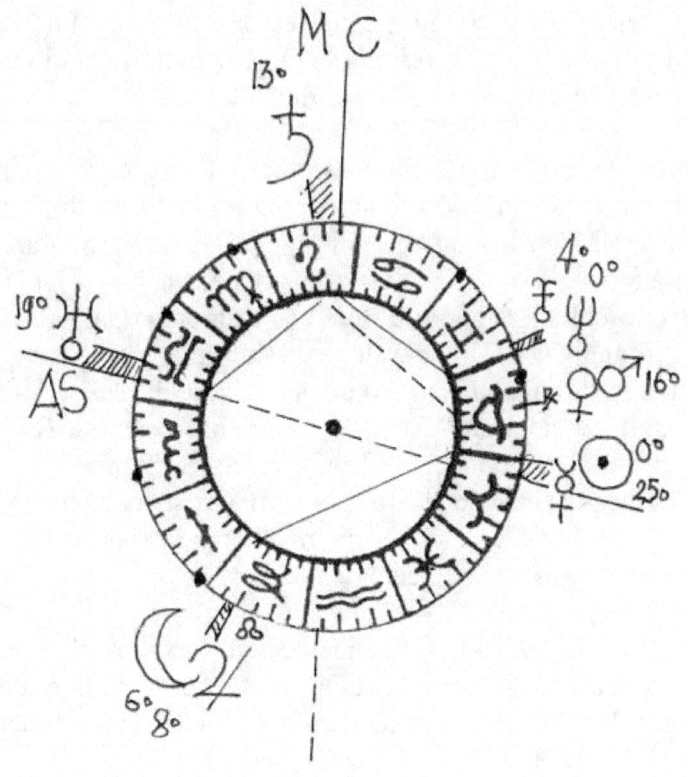

Nel mio *Le champ de Mars* ho segnalato che se la I Guerra mondiale aveva alla base la generazione della congiunzione Urano-Plutone della metà del XIX secolo, è alla congiunzione Nettuno-Plutone della fine dello stesso secolo – nella posizione all'inizio dei Gemelli su cui Giove, Saturno e Urano avrebbero transitato nel 1940/1942 – che si colloca quella [la generazione, N.d.T.] della II Guerra mondiale. Hitler la presenta [la congiunzione Nettuno-Plutone, N.d.T.] in VIII, luogo di morte, e il suo signore Mercurio,

nel segno marziale dell'Ariete, si trova sulla punta della VII –
luogo guerresco, dove figura lo stesso Marte – oltre ad essere
congiunto al Sole. I suoi primi giochi di bambino erano già giochi
di guerra che egli non avrebbe mai dimenticato.

Ma soprattutto, quale immensa forza interiore lo innalza! Non
solo Urano è all'Asc., fattore individualista di imperiosa
affermazione dell'Io, ma per di più – con valore d'ambizione
forsennata – Saturno in Leone (legato per sestile) è culminante,
valorizzato dal suo signore il Sole che tramonta. Qui s'impone già
un trio di angolarità Urano-Saturno-Sole d'alto bordo. Ora, questo
Saturno è per di più catapultato da un capitale di risorse formato da
una congiunzione Luna-Giove in Capricorno, terreno per di più
fertilizzato dal trigono che riceve dal Sole. Si può immaginare
quale immenso bisogno d'essere a tutti i costi poteva provare un
siffatto personaggio, con una brama di potere confinante con la
paranoia, sua principale linea di tendenza!

Ambizione smisurata dipendente dal suo terribile Saturno al
MC che allaccia il circuito dell'oralità sulle risorse del Toro
occupato dal trio Sole-Venere-Marte, e che colpisce con una
possente quadratura antiscia la congiunzione Venere-Marte. Questa
è vissuta tramite la morte del padre a 13 anni e della madre a 18,
con una partenza misera nella vita: adolescente pallido e magro,
scontroso, amaro, distante, emarginato, solitario, quasi accattone.
Nel suo *Mein Kampf* egli dipinge un quadro di sé stesso, negli anni
1909/1913, di un essere in preda a un appetito vorace che piange
miseria. Affermando che non aveva mai abbastanza da mangiare:
"La fame non smetteva di tenermi compagnia, non m'abbandonava
un secondo e si mescolava a tutte le mie azioni ... La mia vita era
una continua lotta contro questa spietata compagna." Frustrazione
fenomenale che doveva risalire nel lontano. È a questo punto che

rivela un singolare ricordo della guerra di trincea del 1914-18 in cui – lui che senza alcuna pietà farà perire le persone a milioni, negando addirittura ai tedeschi il merito di vivere per aver perduto la guerra – mentre i soldati morivano attorno a lui sotto le bombe e sotto il fuoco della mitraglia, avrà uno sprazzo di affetto per qualche sorcio affamato venuto a sbocconcellare delle briciole di pane nella sua camerata. "Avevo vissuto tanto la fame in vita mia da immaginare facilmente quella delle bestiole, come pure la loro gioia di mangiare". Che terribile identificazione! Mostruosa, monumentale confessione che non poteva non rivelare la riattivazione di uno spaventoso trauma da frustrazione della prima infanzia. Qui ci ricolleghiamo alla quadratura di Saturno che sbarra il corso naturale della congiunzione Venere-Marte in Toro: la repressione si abbatte sulla sua immediata aspirazione di vivere, capitale di slancio vitale in tal modo deviato, confiscato a vantaggio di un investimento in un'immensa ambizione in attesa di realizzazione. Come se fosse una rivincita da prendere altrove. Si abbozza così il vuoto di una vita personale spoglia, ridotta al minimo: l'uomo non beve, non fuma, non mangia quasi nulla e s'accontenta di piatti vegetariani, la sua vita amorosa è piatta. Ma, passando dalla faccia di saturniano anoressico alla faccia opposta di saturniano bulimico, la vuotezza della sua esistenza personale è ipercompensata in modo straordinario e irreprimibile dall'esclusiva passione politica del potere che scopre dentro di sé: senza soluzione di continuità, tutto il suo essere intende dedicarsi al ruolo esclusivo di capo onnipotente.

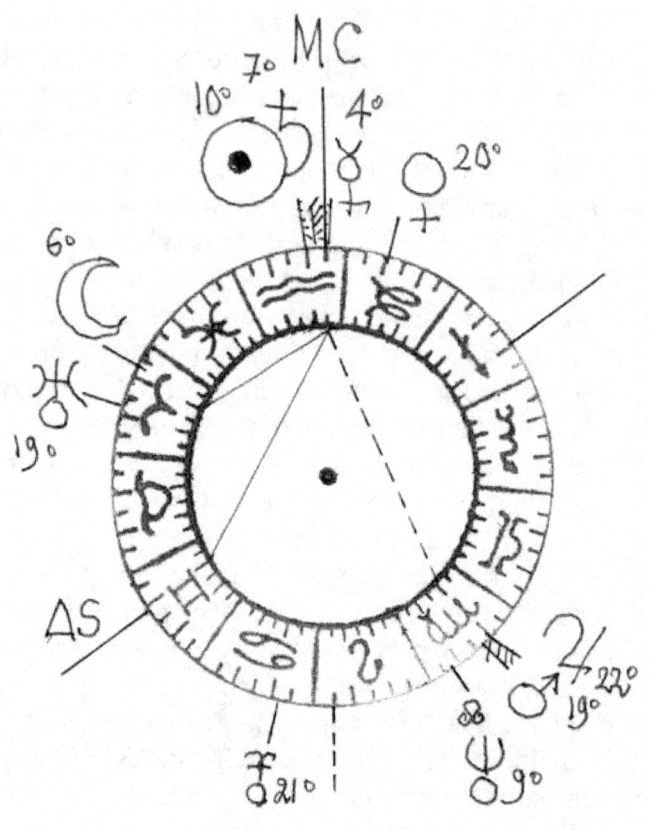

30/1/1933 (Avvento al potere poco prima di mezzogiorno)
© André Barbault

Qui, l'oralità saturnina disinibita viene rinforzata non solo dal Toro, ma anche e soprattutto dal concorso della congiunzione Luna-Giove in Capricorno in III, settore dell'espressione, della comunicazione. Diventa una voce! "Sapevo parlare!" Ecco la rivelazione ricevuta dall'agitatore politico dai suoi primi discorsi pubblici. Tutto il suo carisma andrà a poggiare sul magico potere della parola; il capo uraniano in trance che va ad elettrizzare le folle con i suoi discorsi di fuoco e con le sue dichiarazioni incendiarie fatte di impressionanti sbraitamenti ed eruttazioni selvagge. In seguito arriverà il suo libro *Mein Kampf* per perfezionare la conquista del potere ottenuto il 30 gennaio 1933, appena qualche minuto prima di mezzogiorno.

Da uomo teso all'estremo verso un'immensa avidità di potere. E da Toro saturno-uraniano ostinato, che andrà ben presto a irrigidirsi nell'assolutezza delle sue idee, fino all'estremismo di un "o tutto o niente" e nel fanatismo del suo ultra nazionalismo. Per lui, occorre già assorbire l'intera Germania, a passo di marcia e al più presto. I fondamenti stessi di questa nuova Germania sono il culto del "Führer" con l'adulazione della mano tesa nel "Heil Hitler!" E, alla morte del presidente Hindenburg che lo libera da ogni impiccio, il 2 agosto seguente (il Sole transita allora sul suo Saturno), impone ai soldati e ufficiali dell'esercito il terribile giuramento di lealtà incondizionata alla persona del Führer! Ecco avvenuto il possesso assoluto e l'intera Germania, con tutto il mondo ai suoi piedi, era caduta in trappola!

Senza contare che, già solo dopo qualche giorno dopo il suo ingresso nella Cancelleria, aveva applicato il riarmo del Paese assegnando la priorità all'esercito, il quale non poteva che inchinarsi. Erano seguite, già dai primi mesi, le prime repressioni contro gli oppositori del regime, con l'apertura del primo campo di concentramento il 22 marzo a Dachau. Subito, con l'esercito ai suoi piedi, tutta la Germania avrebbe marciato come un sol uomo al passo dell'oca sotto la sua terribile sferza, senza minimamente immaginare il cataclisma che avrebbe scatenato e che si sarebbe abbattuto su di essa.

Ben presto la sua fame divorante si sarebbe estesa al di là delle frontiere. Dopo aver subito liquidato il trattato di Versailles con il ritiro della Germania dalla Società delle Nazioni e dopo avere recuperato la Renania, l'Austria è la prima preda che il divoratore vuole ingoiare. All'indomani dell'*Anschluss*, il 10 maggio 1938, al suo ritorno da Vienna, dichiara subito a Goebbels: "Ora è la volta della Cecoslovacchia". Nessuno dei vari ammonimenti che gli pervengono lo ferma: avendo fretta di concludere, il 28 maggio 1938 convoca i suoi generali: "Sono assolutamente deciso a cancellare la Cecoslovacchia dalla carta geografica." Ai negoziati che sfoceranno in settembre nell'Accordo di Monaco, avendo ottenuto ciò che aveva chiesto in primo luogo, ma non trovando già più sul campo il suo tornaconto, si dedica a un rilancio che gli viene egualmente concesso. E tuttavia, all'indomani stesso della firma, l'insaziabile bulimico si ritiene defraudato del trionfo più grande che gli avrebbe attribuito la guerra, frustrato per essergli stata sottratta una vittoria militare: "Quel Chamberlain ha sciupato il mio ingresso a Praga", strepita al suo ritorno a Berlino! E nella sua folle avidità, sin dal 21 ottobre, stila una direttiva: liquidazione del resto dello Stato Ceco e occupazione di Memel... Il che sarà fatto nel marzo 1939. Sempre più posseduto dal suo demone mostruoso e deciso a giocare il tutto per tutto, viene poi la volta della Polonia, oltre al fatto che in quello stesso anno solleva il problema della restituzione delle antiche colonie tedesche e si mette a parlare soprattutto – sollevando scalpore – d'intendere "lo spazio vitale" tedesco a Est, anche con la spada, se occorre!

Dichiarata la guerra senza un forte intervento degli Alleati, l'autocrazia del Führer non si concede alcuna tregua. Mentre le granate continuano a piovere su Varsavia, chiede ai suoi capi militari di preparare un'offensiva a Ovest, progetto rinviato più volte, con suo grande scontento.

Nel luglio 1940, conseguita la disfatta francese, mentre si dedica all'offensiva aerea su Londra, dichiara a Jodl e Keitel: "Una campagna contro la Russia sarebbe un gioco da ragazzi" e sin dal 31 luglio riunisce i capi militari per confermare la sua decisione di divorare l'orso russo: "Una volta schiacciata la Russia, l'ultima speranza della Gran Bretagna sarebbe annientata." Più che mai egli stesso divorato dalla sua vecchia ossessione dello "spazio vitale". Completata la campagna dei Balcani – con quasi tutta l'Europa in suo possesso – impone allo Stato maggiore l' "operazione Barbarossa" a guisa di una spietata guerra d'annientamento. Il grosso dei combattimenti sarebbe stato concluso in sei settimane. Quanto a lui, più saturnino che mai, va a rintanarsi a est nel bunker del suo quartiere generale di Rastenburg, la sua "tana del lupo". E a sognare il suo festino: "In quattro settimane, saremo a Mosca. Mosca sarà rasa al suolo fino all'ultima pietra."

Impaziente com'è, questo fanatico ossessivo chiede l'impossibile ai militari, e contro il parere dello Stato maggiore, vuole ingoiare tutto in blocco disperdendo le forze: Mosca, Leningrado, l'Ucraina, il Caucaso. Certo, l'avanzata della Wehrmacht in profondità è fulminante, con parecchie migliaia di aerei e carri armati nemici distrutti, parecchie centinaia di migliaia di prigionieri… fa preso a convincersi che la campagna di Russia è già vinta in tre settimane. Ma l'Armata Rossa si rialza con i suoi inattesi e impressionanti rinforzi, seminando scompiglio e dando stavolta la fosca impressione contraria che la guerra lampo dell'operazione Barbarossa sia già fallita. La qual cosa il Führer presentisce nel più profondo di sé, essendo colpito da una grave crisi di dissenteria nella prima settimana d'agosto, mentre il Sole transita il suo Saturno. C'è uno choc, al punto che il Führer dichiara di sentirsi in diritto di chiedere a ogni soldato tedesco di dare la vita in combattimento! Mentre la melanconia s'impadronisce di lui, invecchia rapidamente, assillato da un'ulcera allo stomaco. Si va poi dritti di seguito all'evento dell'arresto della Wehrmacht davanti a Mosca a fine anno, con siluramento dei suoi capi militari; e come se non fosse abbastanza, questo assurdo allucinato si permette il lusso di dichiarare la guerra agli USA! Arriverà la decisiva svolta di Stalingrado all'inizio del 1943, città che avrebbe dovute essere presa in una settimana, aveva detto al suo consigliere militare Halder, aggiungendo: "Potete esser certo che nessuno ci caccerà mai più di là!" Destituendo a tutta forza dalle funzioni i successivi capi militari, diventati capri espiatori, vietando a tutti di indietreggiare davanti al nemico, essendosi incaponito nell'idea fissa che l'Unione Sovietica "fosse all'ultimo respiro", aggrappandosi disperatamente alla Divina Provvidenza. Per arrivare, alla fine, a rimpiattarsi di nuovo, questa volta rinchiuso nel suo bunker della Cancelleria del Reich.

L'uomo che s'è interrato, mentre l'Armata Rossa è a Berlino, è prematuramente invecchiato, incurvato, tremolante e penoso, che rifiuta ostinatamente l'inevitabile capitolazione, completamente fossilizzato: "Combatterò fin quando avrò un soldato!" Che cosa gli resta da fare? Di delirare puramente e semplicemente nel rilancio della sua oralità. Come un mulino che gira a vuoto, stordendo continuamente tutta la sua cerchia di persone e i suoi ultimi visitatori per recitare sempre la medesima cosa, parla, parla, parla come diluviando, logorroico fino alla nausea, un fiume inesauribile. E quando arriva la fine, pur essendo il nemico giunto alla capitale del Reich, invano quest'ultimo gli fa restituire il maltolto, perché continua a convincersi – che appetito! – che "il Reich dominerà l'intera Europa", e aprirà la porta al dominio mondiale di un Reich millenario, riunito sotto l'autorità di una gigantesca Berlino! Lunghi e vani monologhi, come se la vita non gli avesse insegnato nulla, questo essere pietrificato dice e ridice ripetutamente le stesse idee, non fa che ripetere le medesime sciocchezze che biascicava da adolescente: la colpa è degli ebrei, ecc. ... E se è attaccato al suo cane lupo, nutre solo un profondo disprezzo per l'umanità intera. L'essere umano non è altro che "un ridicolo batterio" e i suoi nemici sono solo vermi da schiacciare. Questo essere solitario ha mai messo una sola volta piede in un ospedale militare, visitato un campo di prigionia o di concentramento? E questo mostro arriva, per finire, a insultare lo stesso popolo tedesco, che non lo merita, e di conseguenza condannato alla distruzione: sì, i suoi compatrioti meritano di soccombere! E quando scriverà il suo testamento, come allucinato, arriverà perfino a dire: "È falso che io o chiunque altro in Germania abbia voluto la guerra del 1939."! La quale, dopo cinque anni d'inferno in terra, lascerà una cinquantina di milioni di morti! Dal fondo della tana, non restava altro a quest'uomo-lupo braccato che darsi la sua, a ciò costretto, e lo farà il 30 aprile 1945, a pochi giorni dal suo 56.mo compleanno, estrema segnatura, anch'essa, del suo Saturno dissonante al MC e del transito di Plutone, proveniente dalla VIII, sul MC[24]. A mo' di requiem, incaricherà l'ammiraglio Dönitz del sinistro onere di firmare la resa incondizionata della Germania, uomo della Vergine sacrificale a cui corrispondeva un simbolico Saturno riunito a un trio Sole-Mercurio-Venere.

(Documentazione tratta da *Trosième Reich* di William Shirer, Stock, 1961, e *Hitler* di Ian Kershaw, Flammarion, 1999.)

CONCLUSIONI

Fate parlare l'astro! Questo era l'obbiettivo del presente lavoro, non senza ignorare che interrogando Saturno – sul banco degli imputati – non poteva sfuggire alla mia posizione soggettiva; pur se, facendo il possibile e del mio meglio, l'ho fatto scendere a terra attraverso la testimonianza di un insieme fra i più celebri saturniani della storia.

In ogni caso dovevo ancora, per far questo, beneficiare di una circostanza favorevole, essendo il pianeta celeste sovrapposto al mio per tutta la stagione estiva del 2010. Allineamento suo su di me, in qualche modo vicinanza, se così si può dire o, ancora, contatto diretto che avrebbe potuto permettermi un miglior approccio di Saturno all'opera, toccarlo addirittura con mano.

Risultato tuttavia assai insufficiente, essendo per di più limitato al simbolismo intrinseco, senza trattarlo in generale nei segni, nei settori e negli aspetti. C'è ancora così tanto da imparare… In questi nostri tempi, spererei che lo sforzo saturnino dell'autentica ricerca astrologica riprenda il suo corso, piuttosto che vedere il capitale rappresentato dal nostro sapere vegetare e addirittura regredire per ignoranza od oblio dei precedenti lavori; troppi dei nostri attuali professionisti non fanno che sfiorare la loro materia, operando su acquisizioni notoriamente insufficienti, mediocrità di una pratica indolente. Quindi, come stupirsi se siamo giunti a un'astrologia in stato d'abbandono, prossima all'agonia, mentre la sua clessidra [che scandisce il suo tempo] attende degli astrologi che vengano a ribaltarne il corso?

Parigi, 19 novembre 2010

[1] Atto II, scena VII. Traduzione italiana di Mario Praz

[2] Trad. it. per i tipi di Einaudi, Torino, 1983 (N.d.T.)

[3] Piccolo Comune francese della Piccardia nei cui pressi fu firmato l'armistizio che pose fine alla I Guerra mondiale il giorno 8 novembre 1918 (N.d.T.)

[4] Concetto del Buddismo Mahāyāna (N.d.T.)

[5] Al ciclo delle stagioni corrispondono gli elementi come segue: primavera-Aria, estate-Fuoco, autunno-Terra, inverno-acqua. Cfr. *La souveraineté des quatre éléments* di André Barbault all'indirizzo internet
http://www.andrebarbault.com/souverainete_4elements.htm (N.d.T.)

[6] 1852 (N.d.T.)

[7] inteso come qualità elementare. Come noto, esse sono: secco, umido, freddo, caldo.

[8] «Dio creò il mondo con cinque poliedri regolari : l'ordine cosmologico riposa sulla ripartizione di delle rispettive distanze delle orbite planetarie del sistema solare, ordinate secondo le proporzioni del loro concatenamento. All'esterno, la sfera di Saturno è circoscritta dentro gli otto spigoli del cubo. La sfera tangente le facce del cubo, in esso contenuta, è quella di Giove. Tale sfera ingloba a sua volta un tetraedro, e la sfera in esso iscritta costituisce l'orbita di Marte.Il dodecaedro che contiene la sfera di Marte fornisce a sua volta l'orbita della Terra. Nel seno della nostra sfera, un icosaedro determina quella di Venere, mentre a partire da questa un ottaedro interno delimita la sfera di Mercurio, con il Sole che si trova naturalmente al centro di questo inscatolamento in serie.»

[9] Figura formata da un grande trigono (e cioè tre pianeti in reciproco aspetto di 120°), munito però di una cupola data dal pianeta al vertice di un'opposizione in doppio sestile con uno dei suoi lati. (N.d.T.)

[10] Siamo debitori nei confronti della psicoanalista Marie-Claude Lambotte di un recente lavoro intitolato *Le discours mélancolique : de la phénoménologie à la métapsychologie* (Il discorso melanconico: dalla fenomenologia alla metapsicologia) Anthropos, 2003. Vi si presenta un'esplorazione della melanconia di massimo interesse, con un insieme di testimonianze che esprimono il proprio vissuto in formule diverse ma altrettanto parlanti, tanto le une quanto le altre.

[11] Henri-Frédéric Amiel filosofo ginevrino (27/9/1821 – 11/5/1881) (N.d.T.)

[12] Trad. it.: *Giove e Saturno*, Discepolo, Napoli 1983 e Nuovi Orizzonti, Milano 1988, 1993 (N.d.T.)

[13] Francesco Giuntini nel suo *Speculum Astrologiae* utilizza le 15:39 (N.d.T.)

[14] Abbazia cattolica di orientamento giansenista (N.d.T.)

[15] Louis de Rouvroy, duca di Saint-Simon, celebre per le sue *Memorie* che descrivono la vita alla corte di Versailles (N.d.T.)

[16] ora Lviv, Ucraina (N.d.T.)

[17] ora un quartiere di Vienna (N.d.T.)

[18] *Canto d'autunno* (N.d.T.)

[19] Nell'ambito delle situazioni varie, è interessante notare – caso esemplare di estremo blocco saturnino alla crescita, impedimento all'ingresso nell'età adulta – che la nana più piccola conosciuta, l'olandese Pauline Musters, che misurava 59 centimetri al controllo medico, era nata il 28 febbraio 1877, lo stesso giorno di un allineamento Sole-Saturno-nodo nord a 10° in Pesci. E il più celebre nano, William E. Jackson, soprannominato "Major Mite" era nato a Dunedin, Nuova Zelanda, il 2/10/1864 e misurava 70 centimetri al controllo medico; il suo Saturno era tra la congiunzione del Sole e della Luna (documentazione del *Guinness dei primati*, edizione 1982).

[20] di Francia (N.d.T.)

[21] di Spagna (N.d.T.)

[22] http://www.andrebarbault.com/champdemars.htm

[23] http://www.andrebarbault.com/chefs_sgm.htm

[24] Radix (N.d.T.)

www.ingramcontent.com/pod-product-compliance
Lightning Source LLC
Chambersburg PA
CBHW062010280526
45787CB00005B/2042